Oceano subacquea
libro da colorare pesci e vita marina

Young Scholar

Young Scholar
An imprint of Ciparum LLC

Oceano subacquea libro da colorare pesci e vita marina
© 2017 Ciparum LLC
All rights reserved.
ISBN-10:1-63589-316-X
ISBN-13:978-1-63589-316-8

www.youngscholar.co

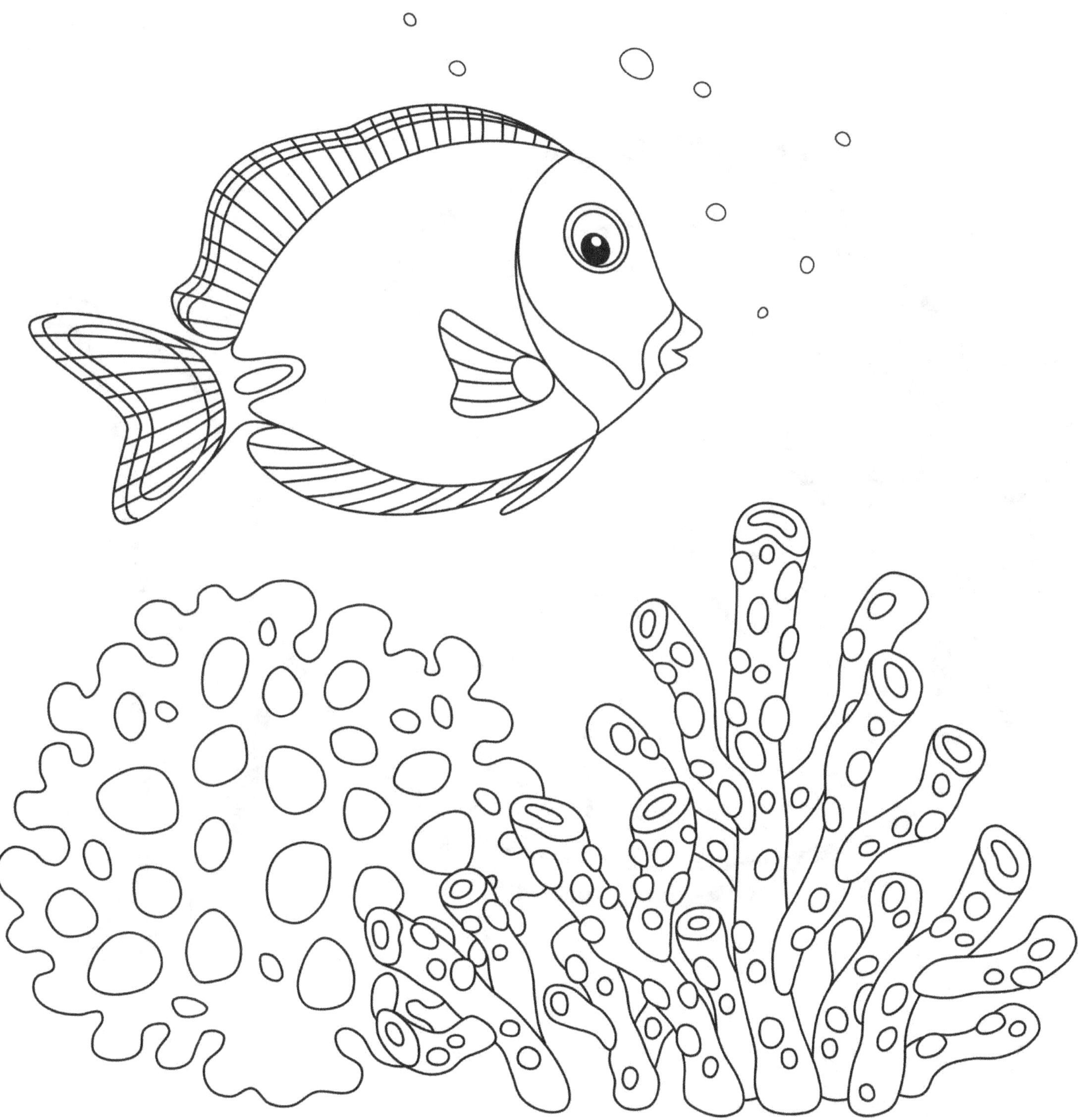

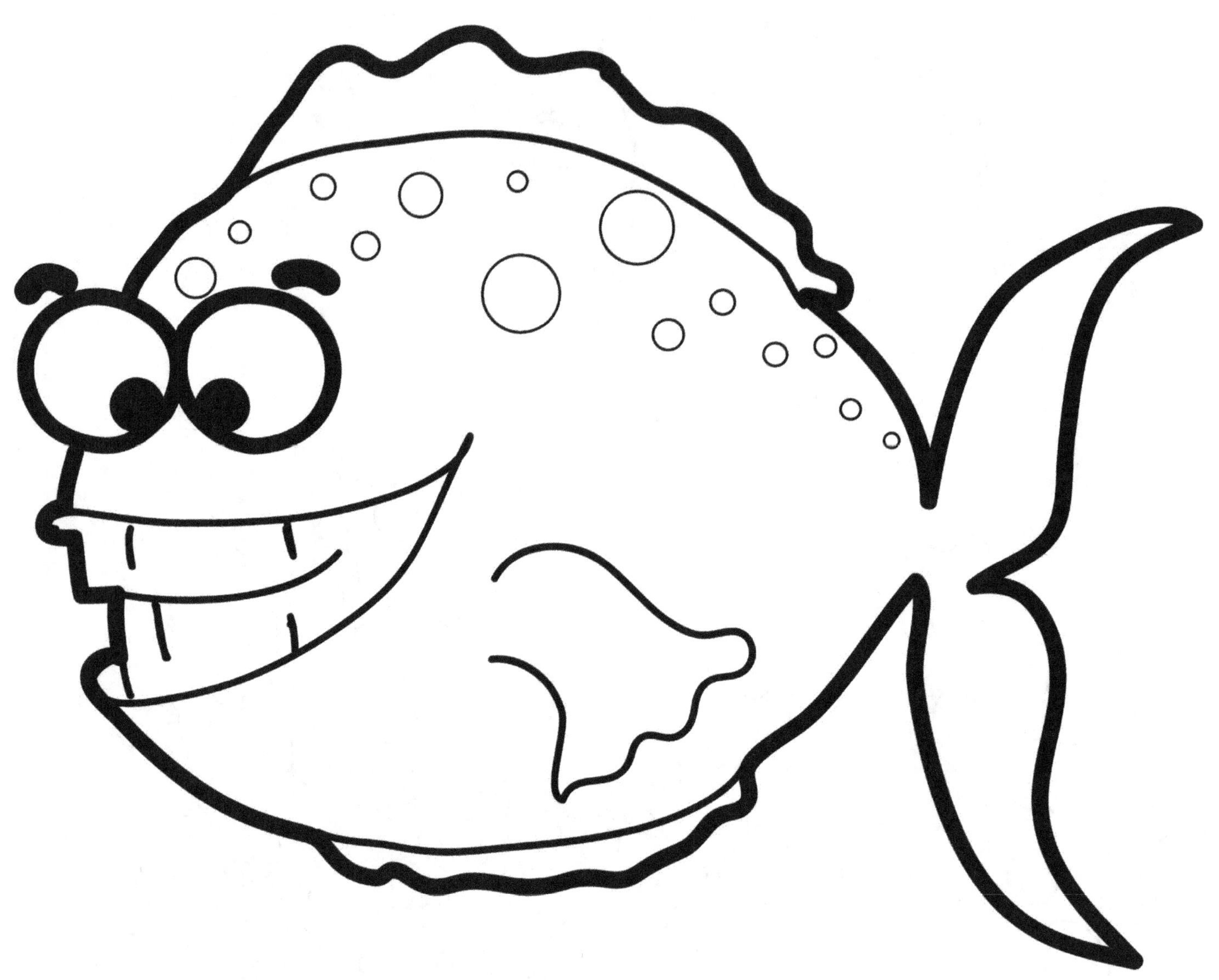

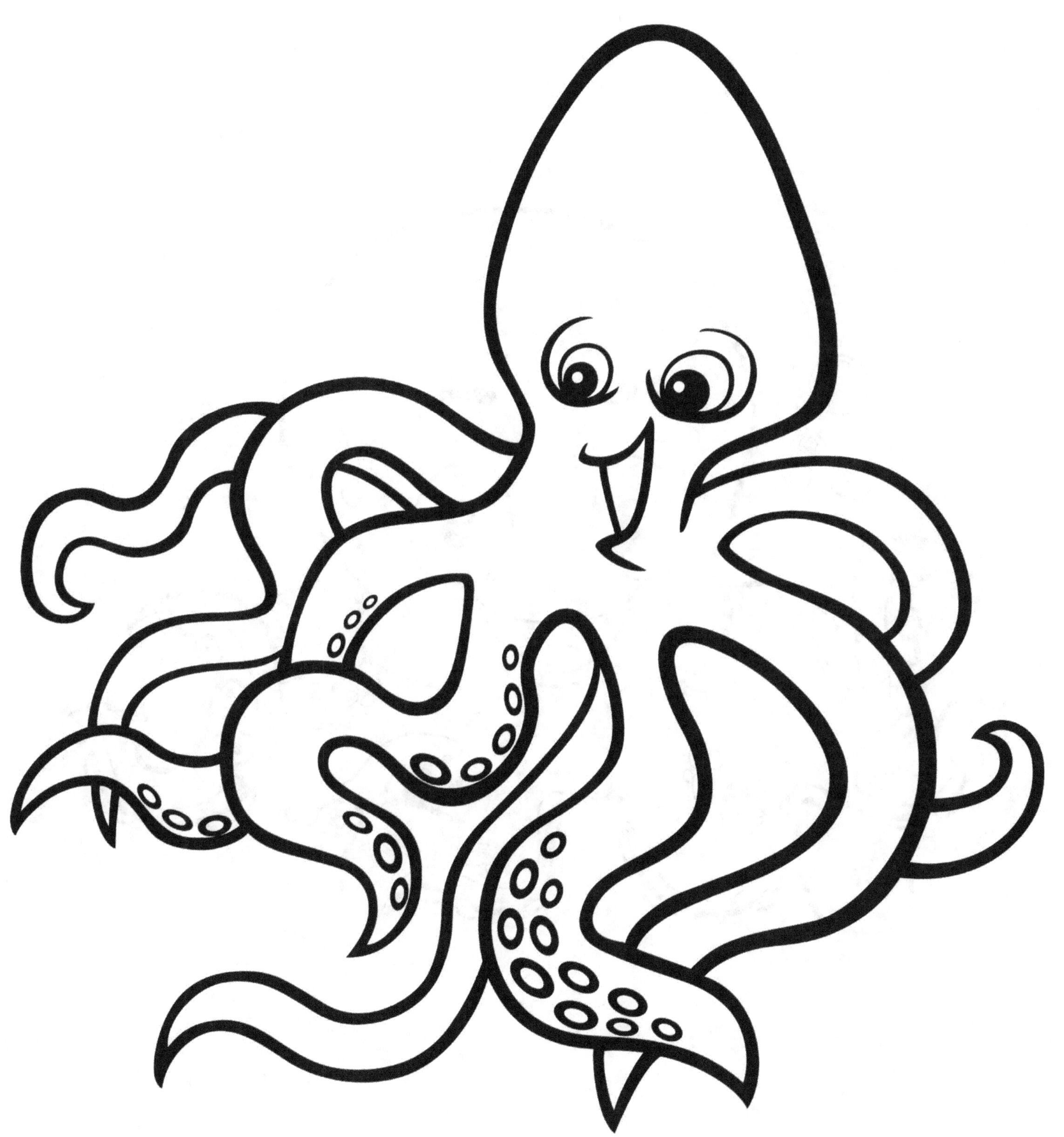

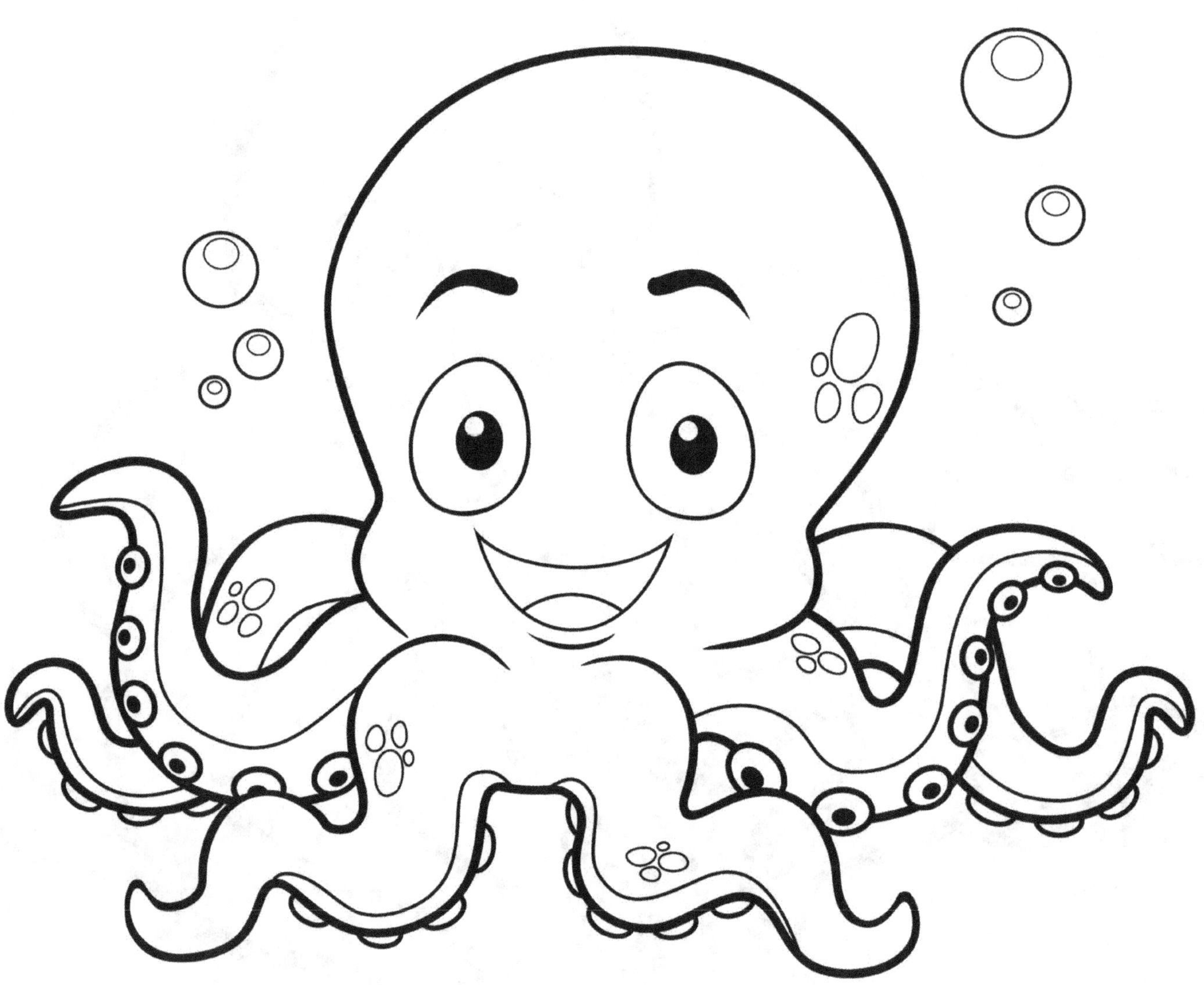

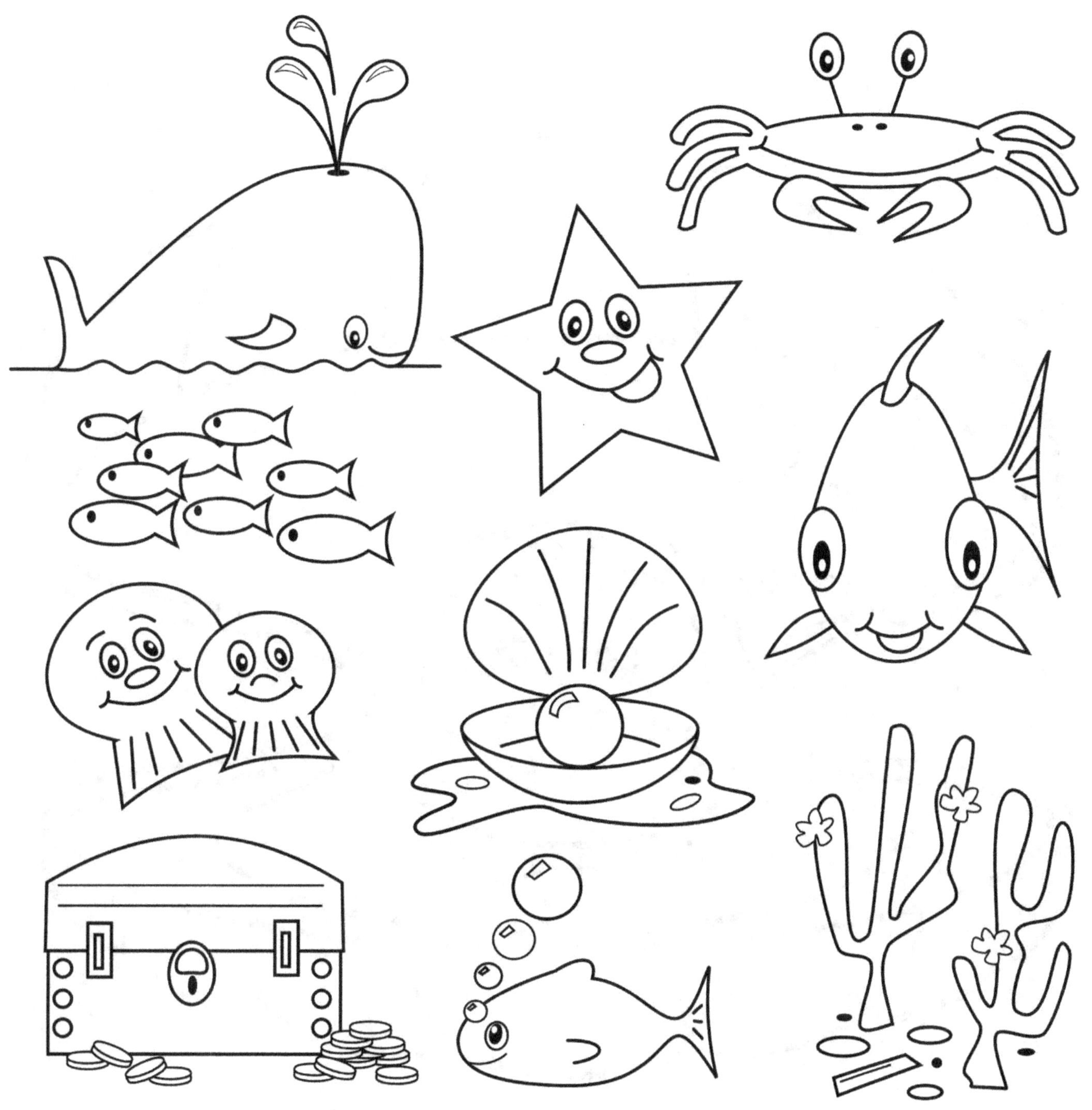

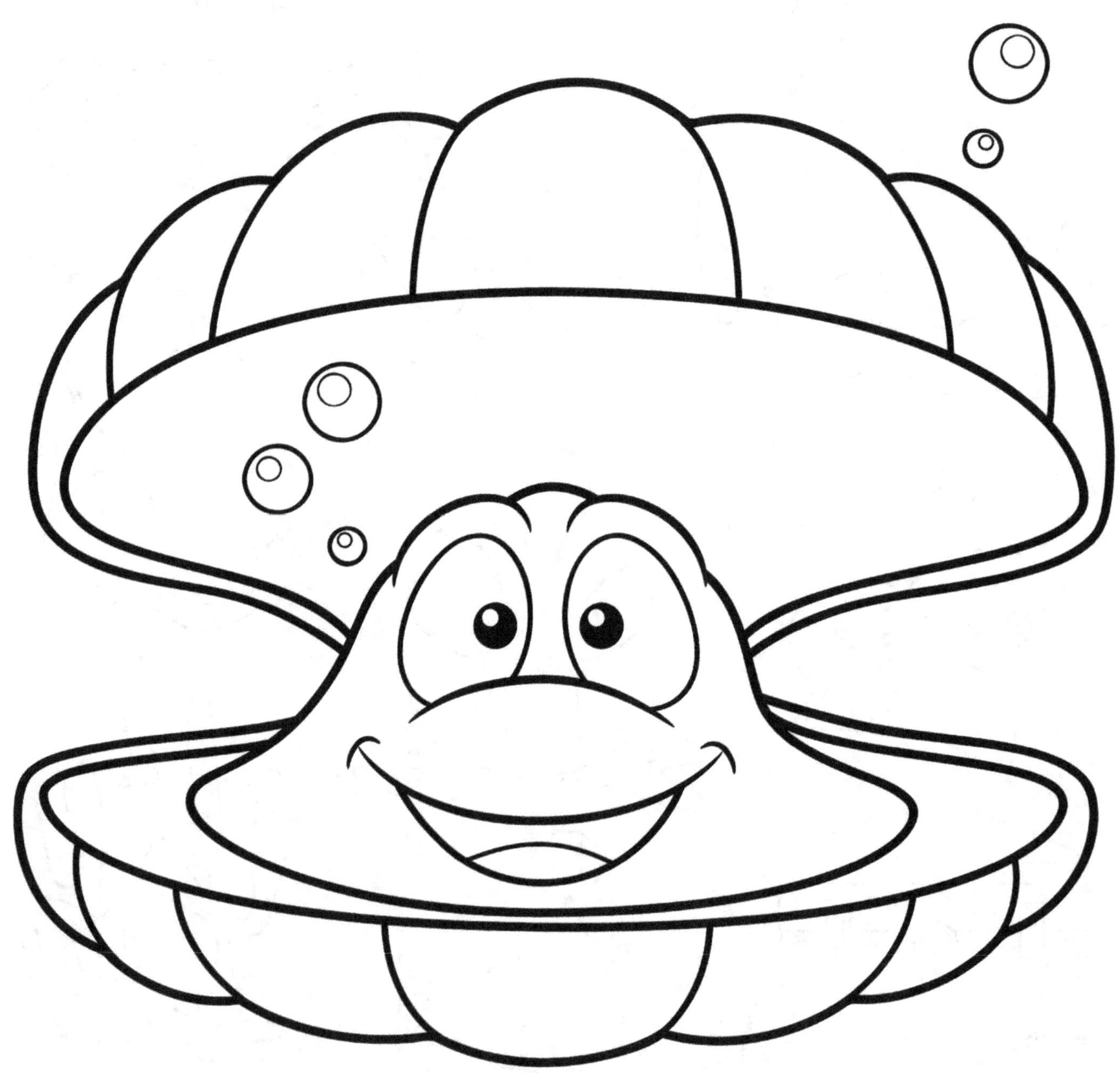

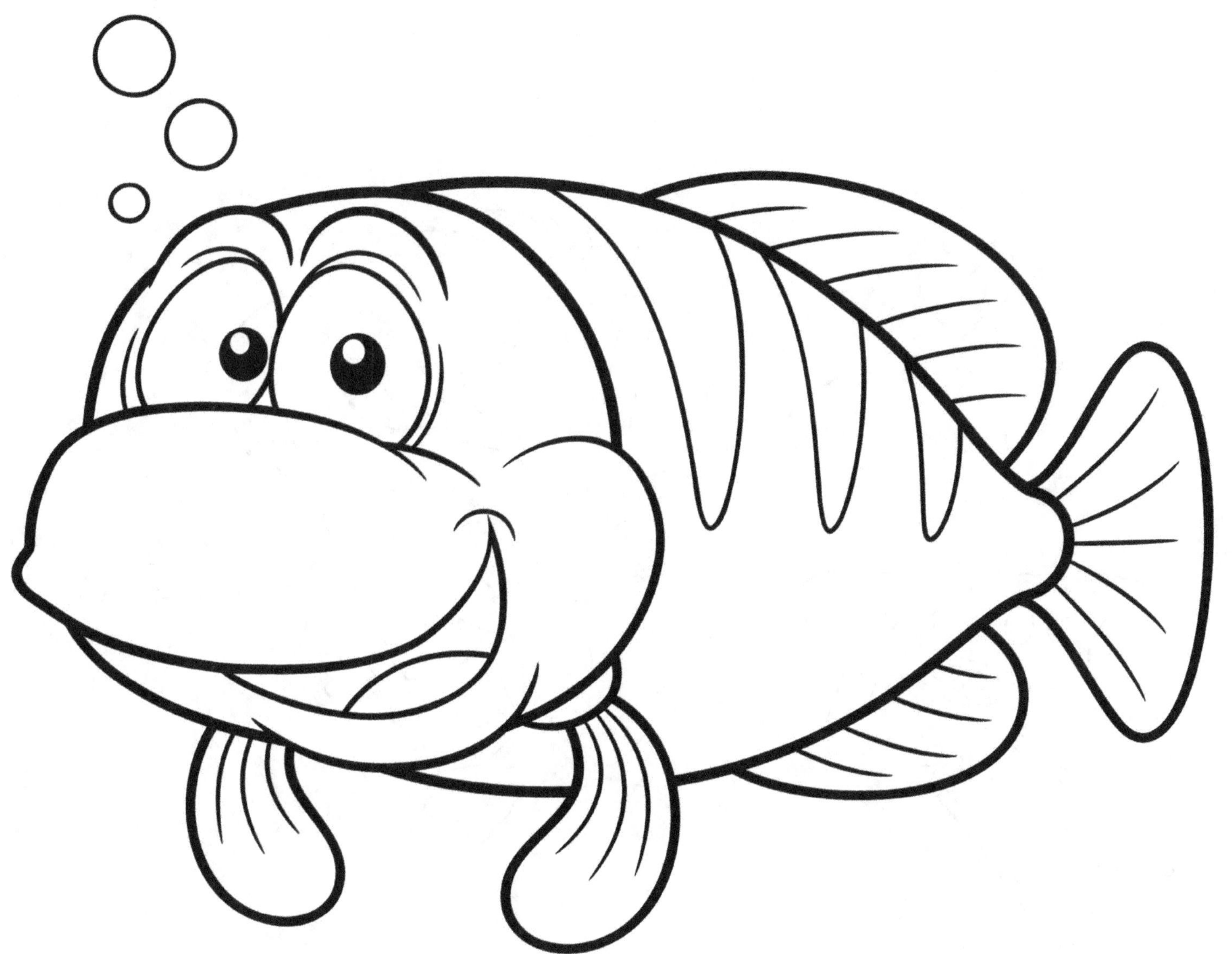

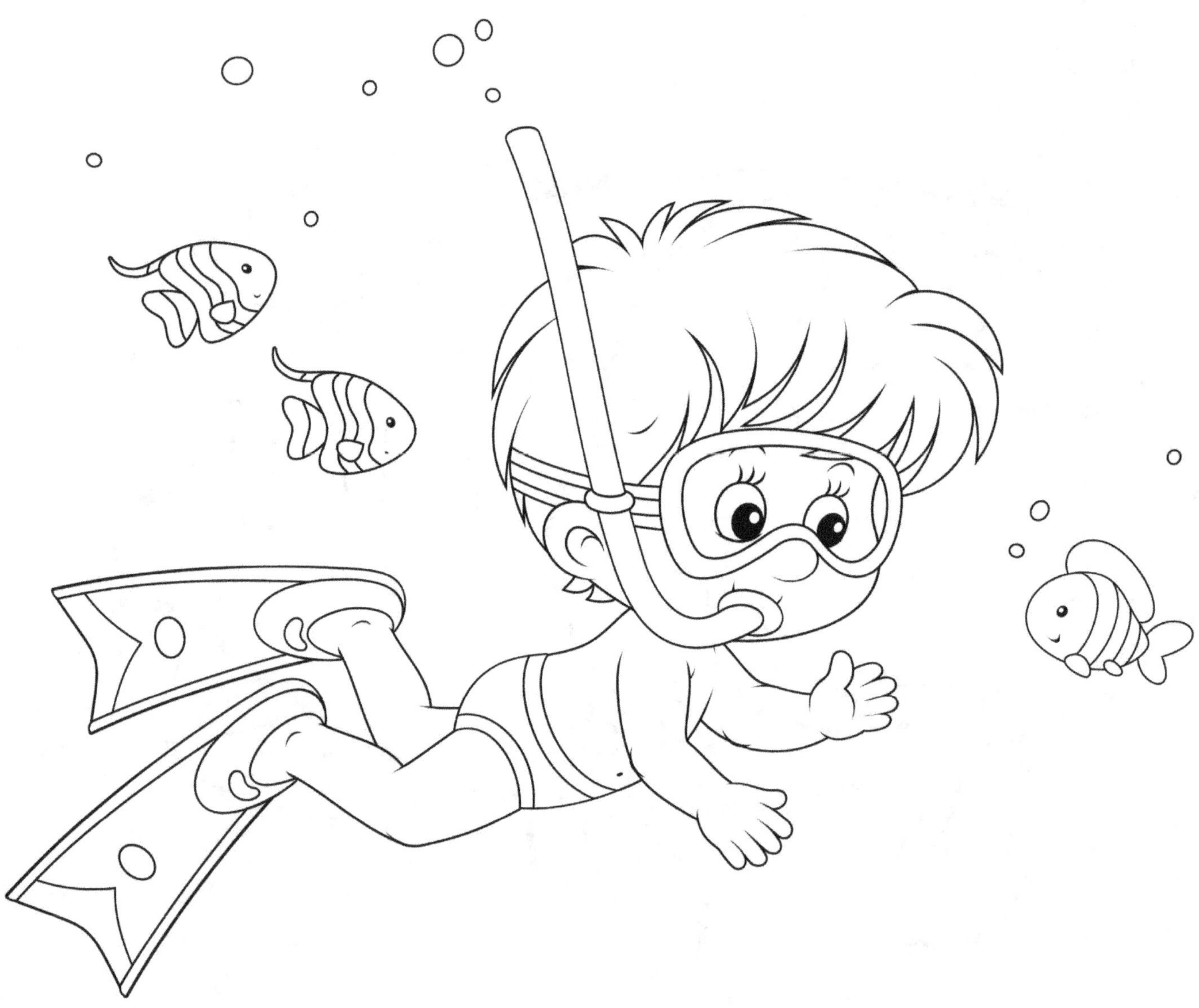

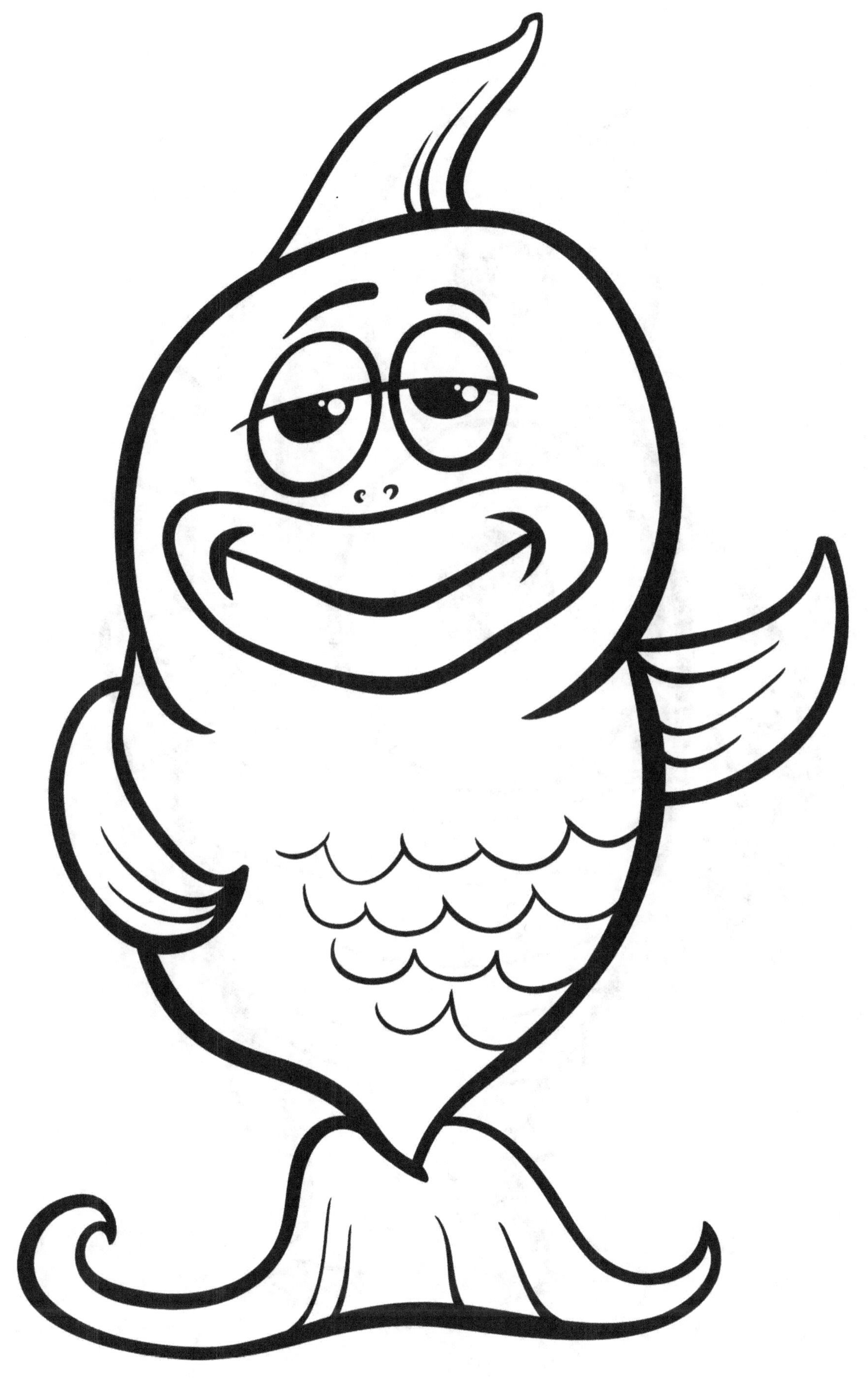

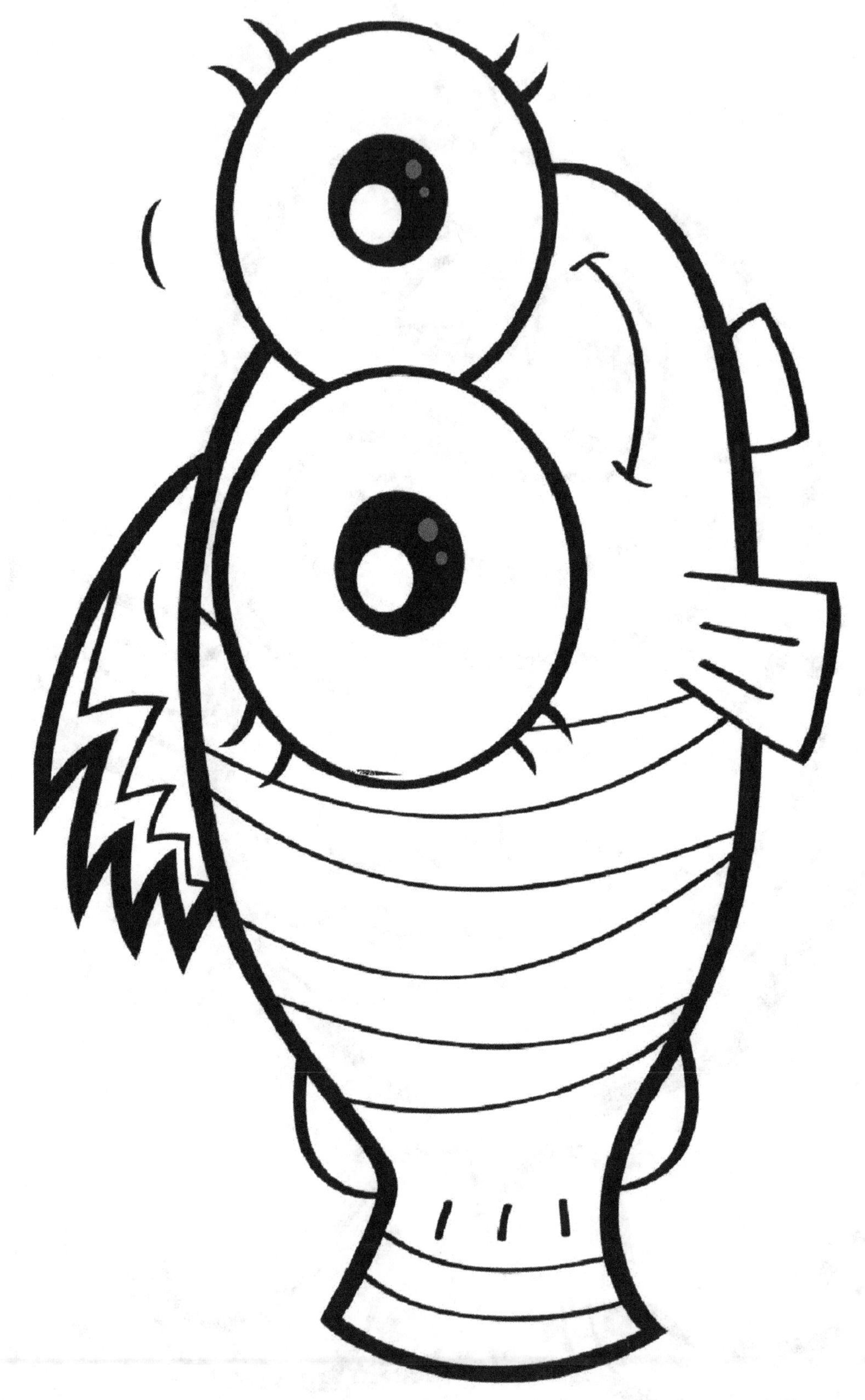

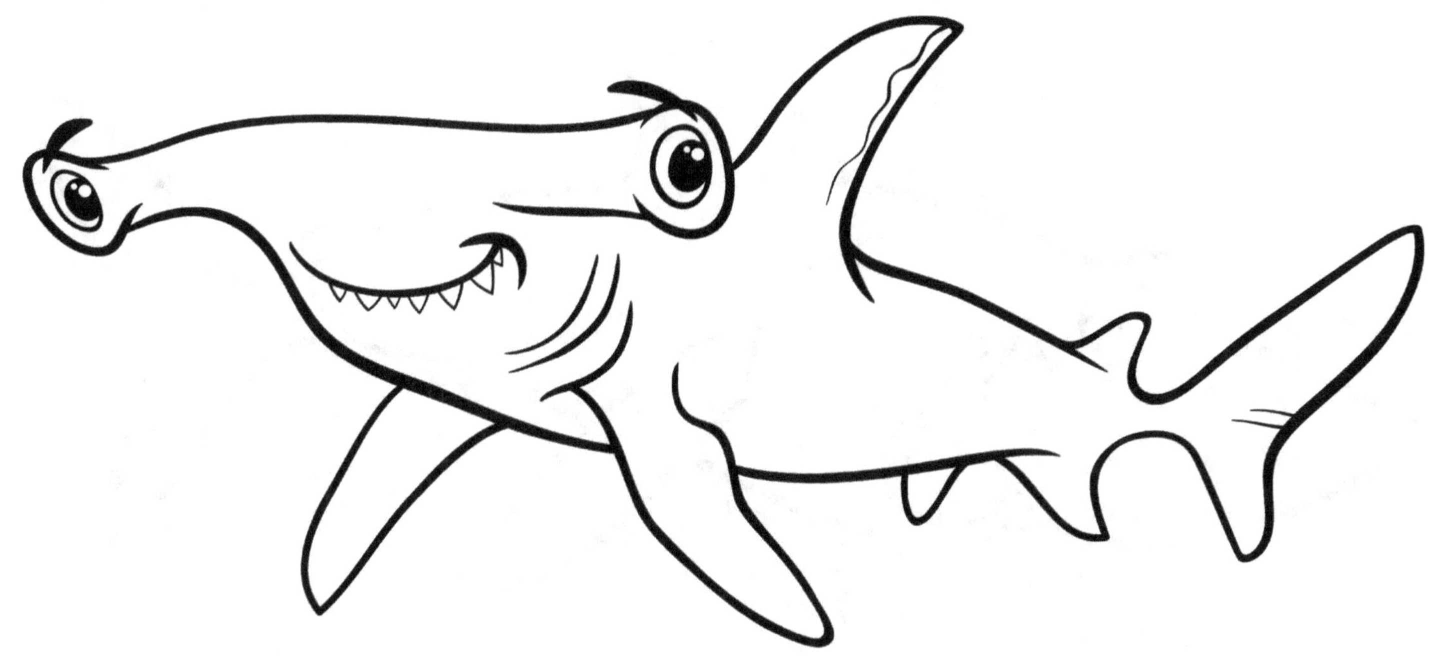

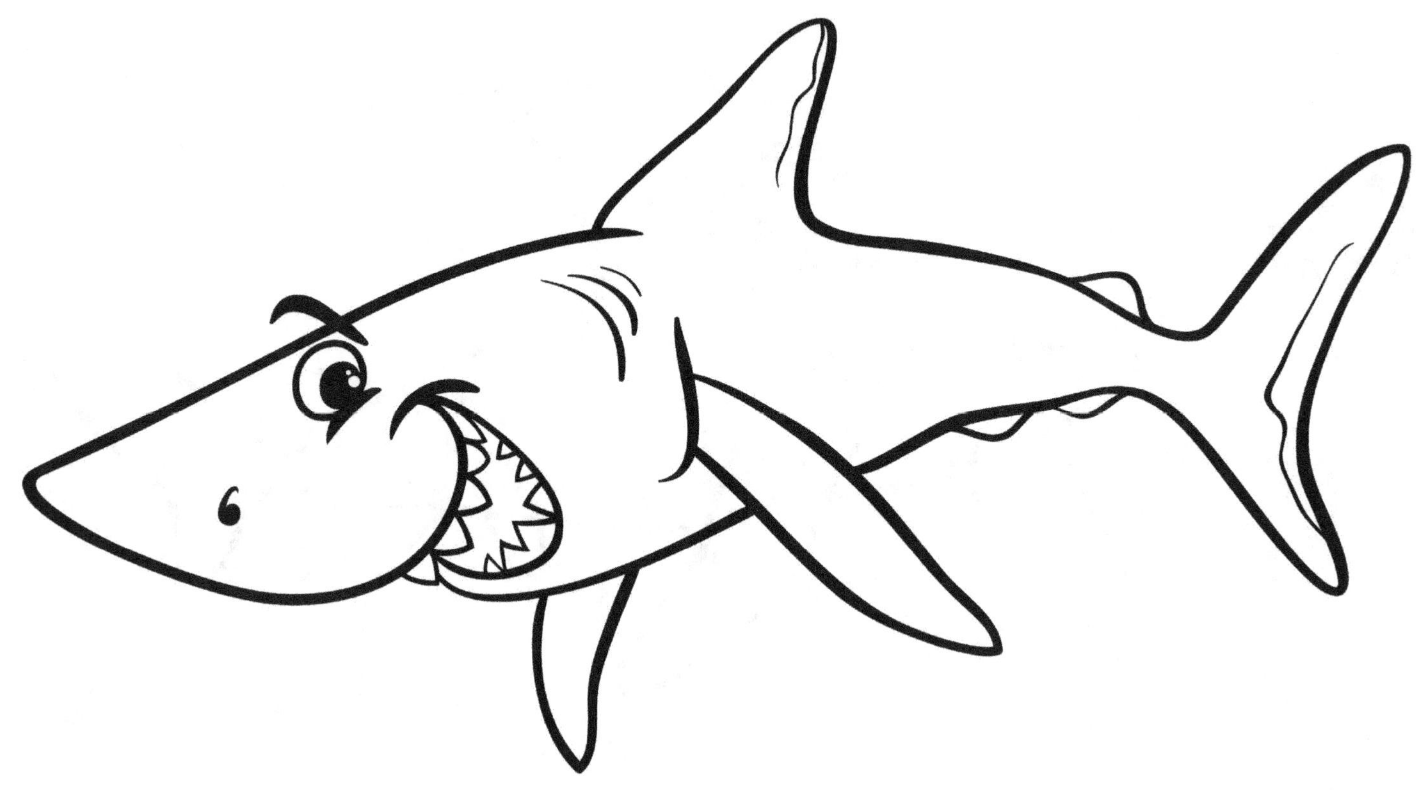

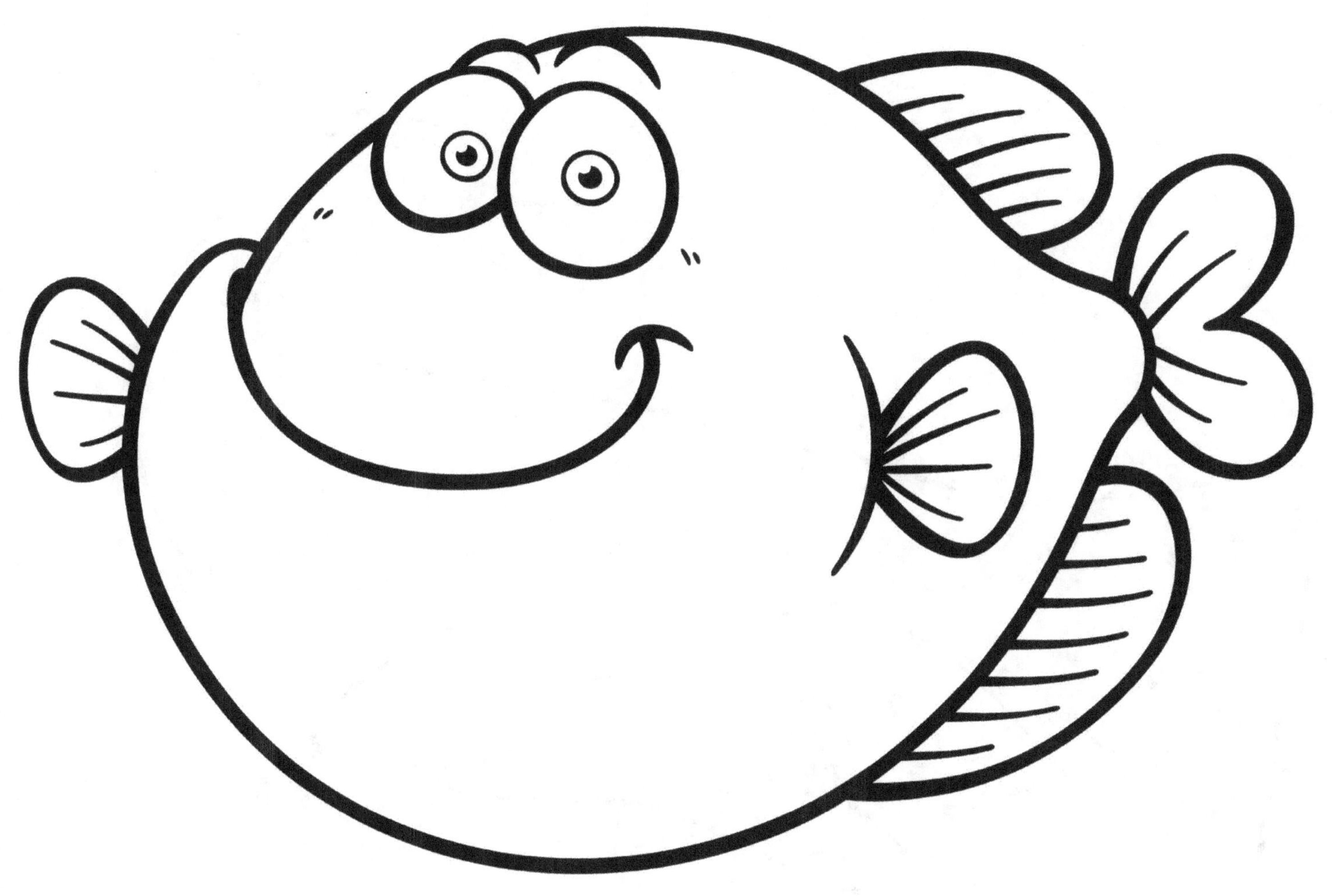

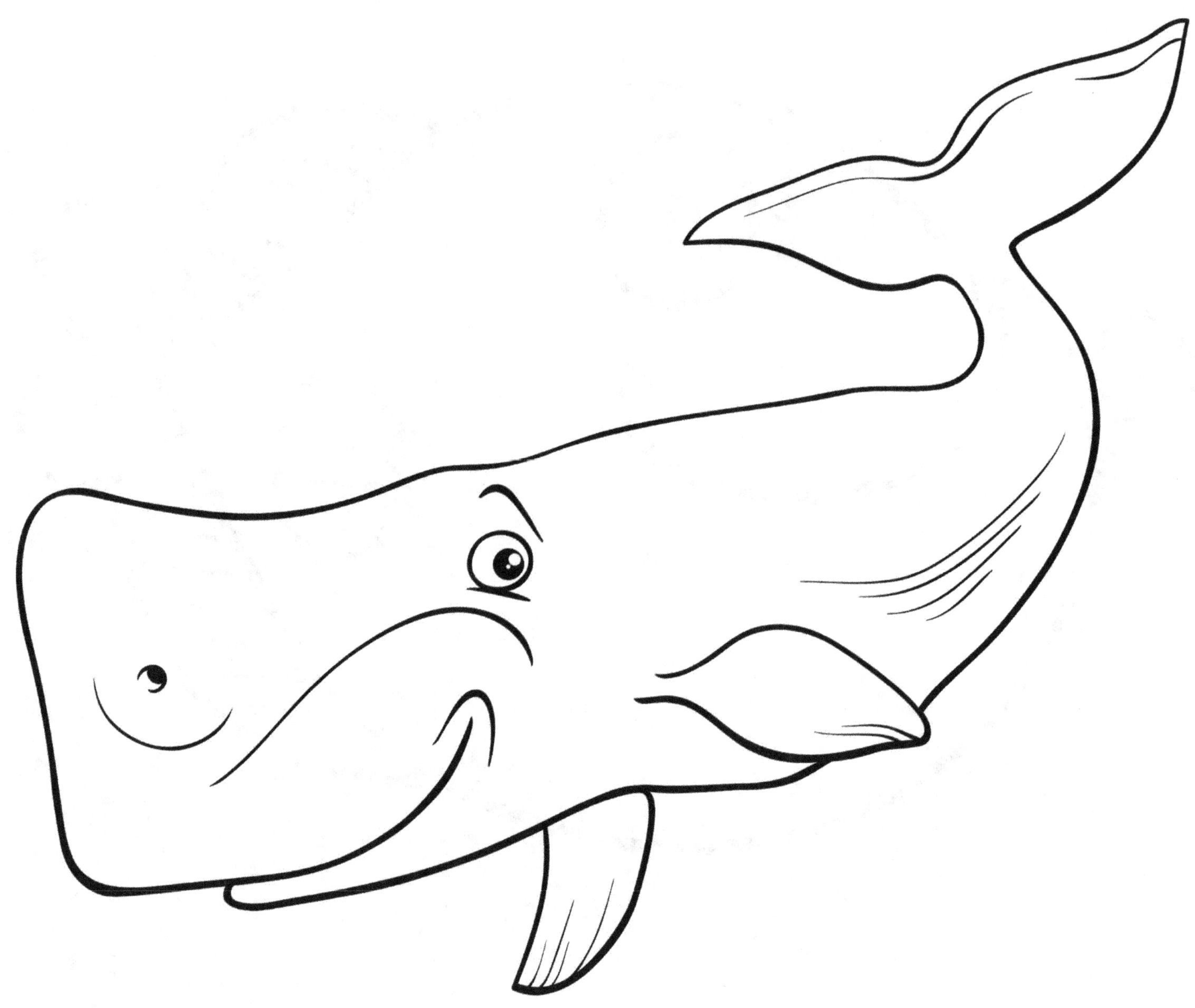

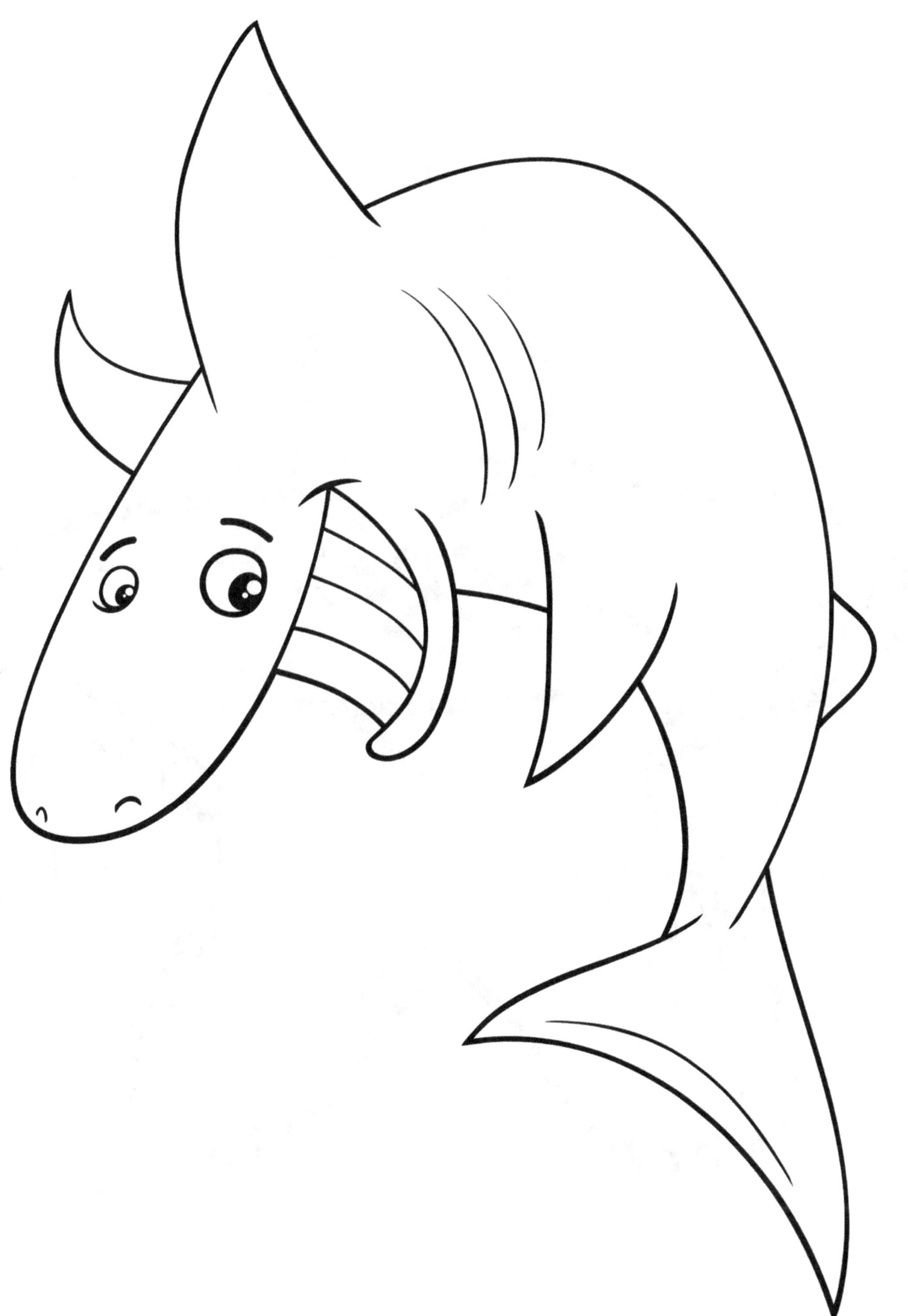

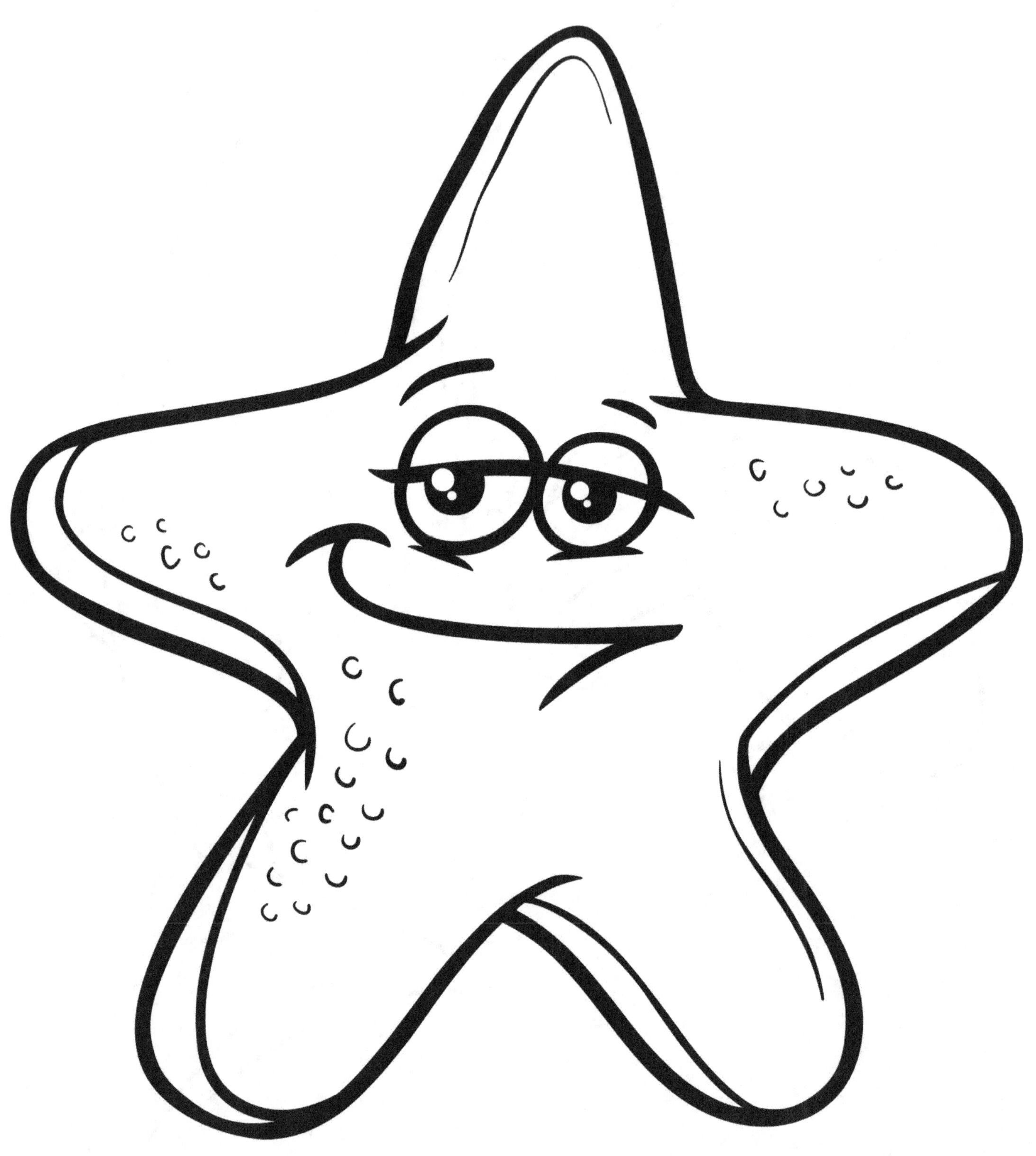

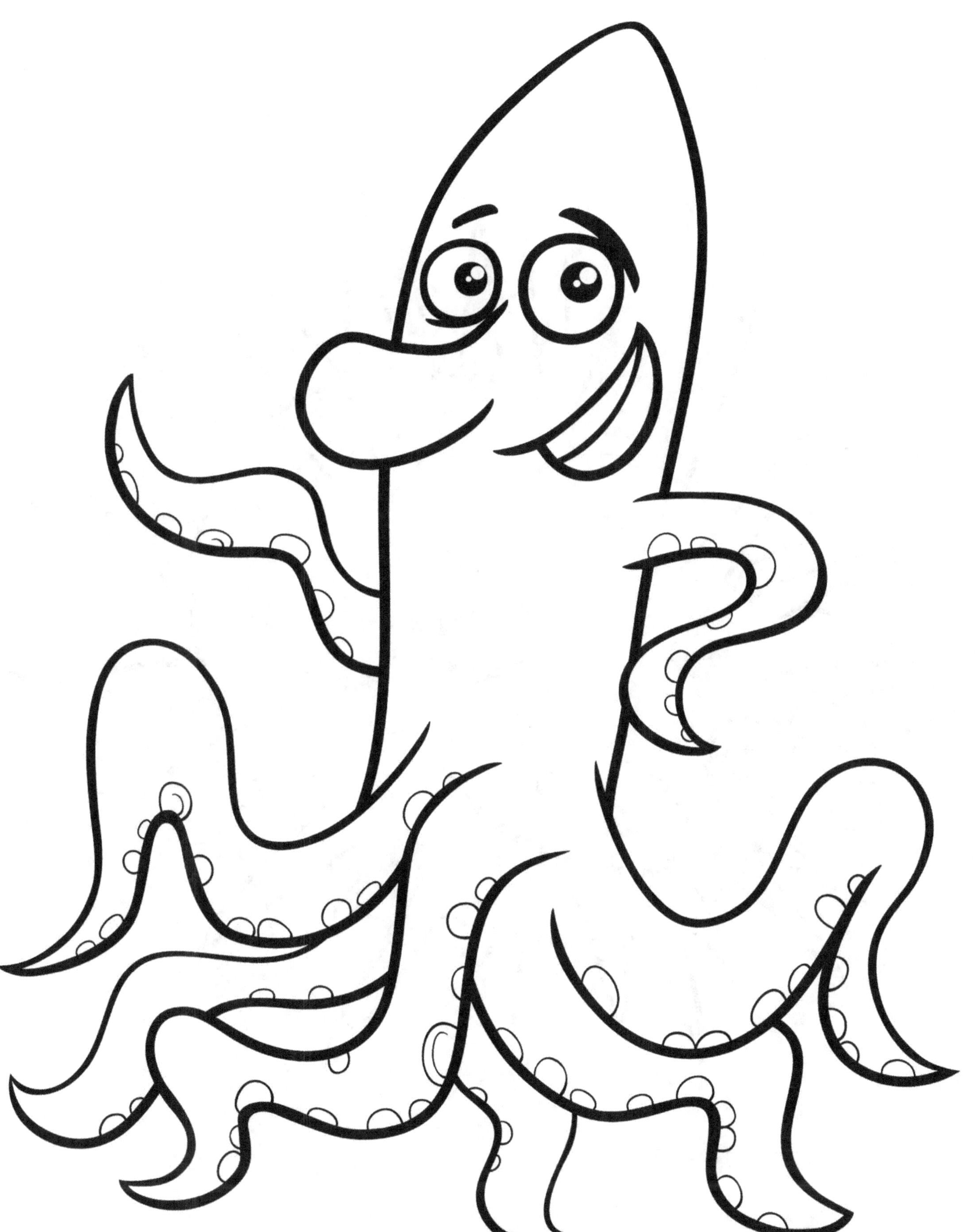

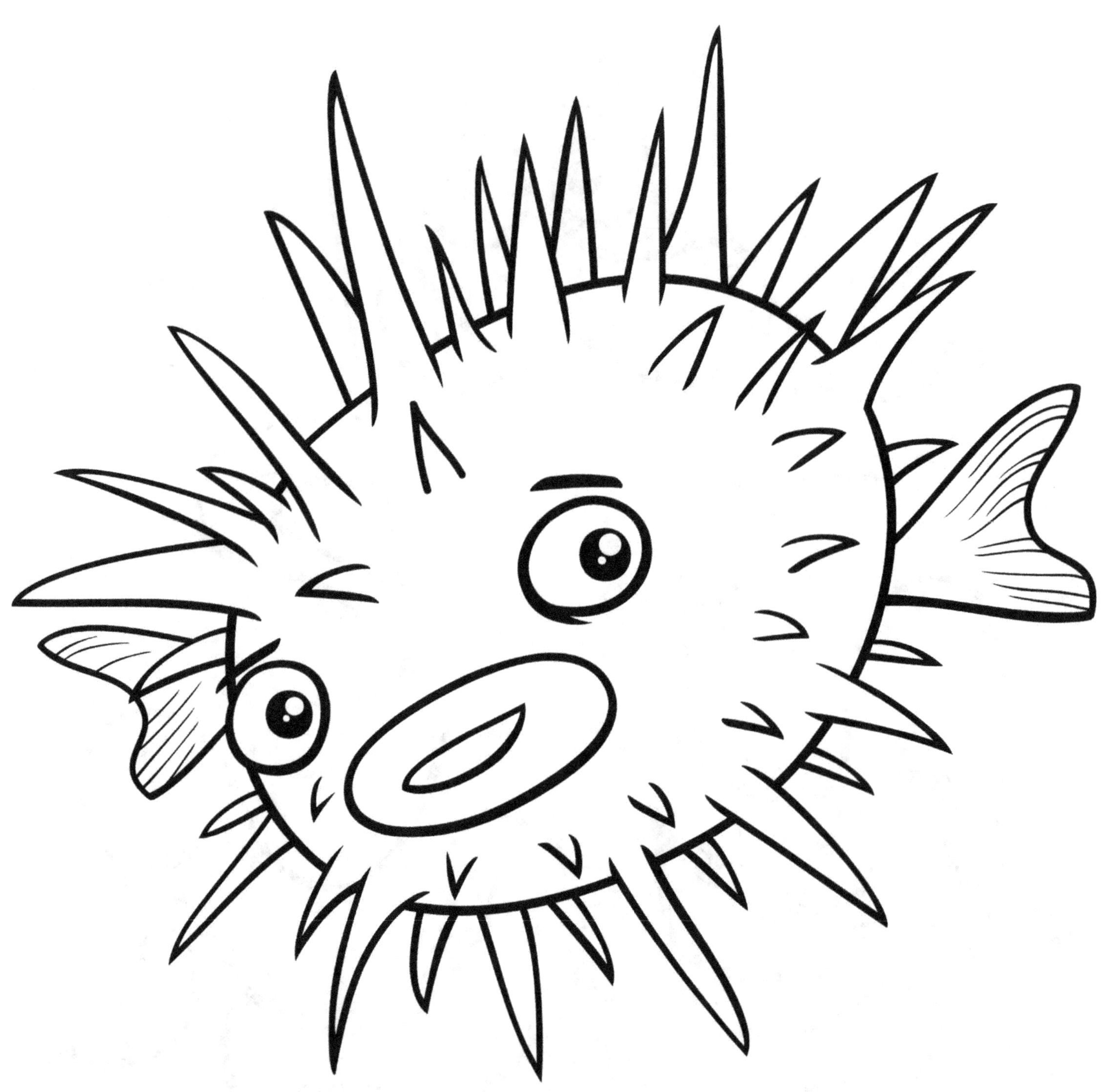

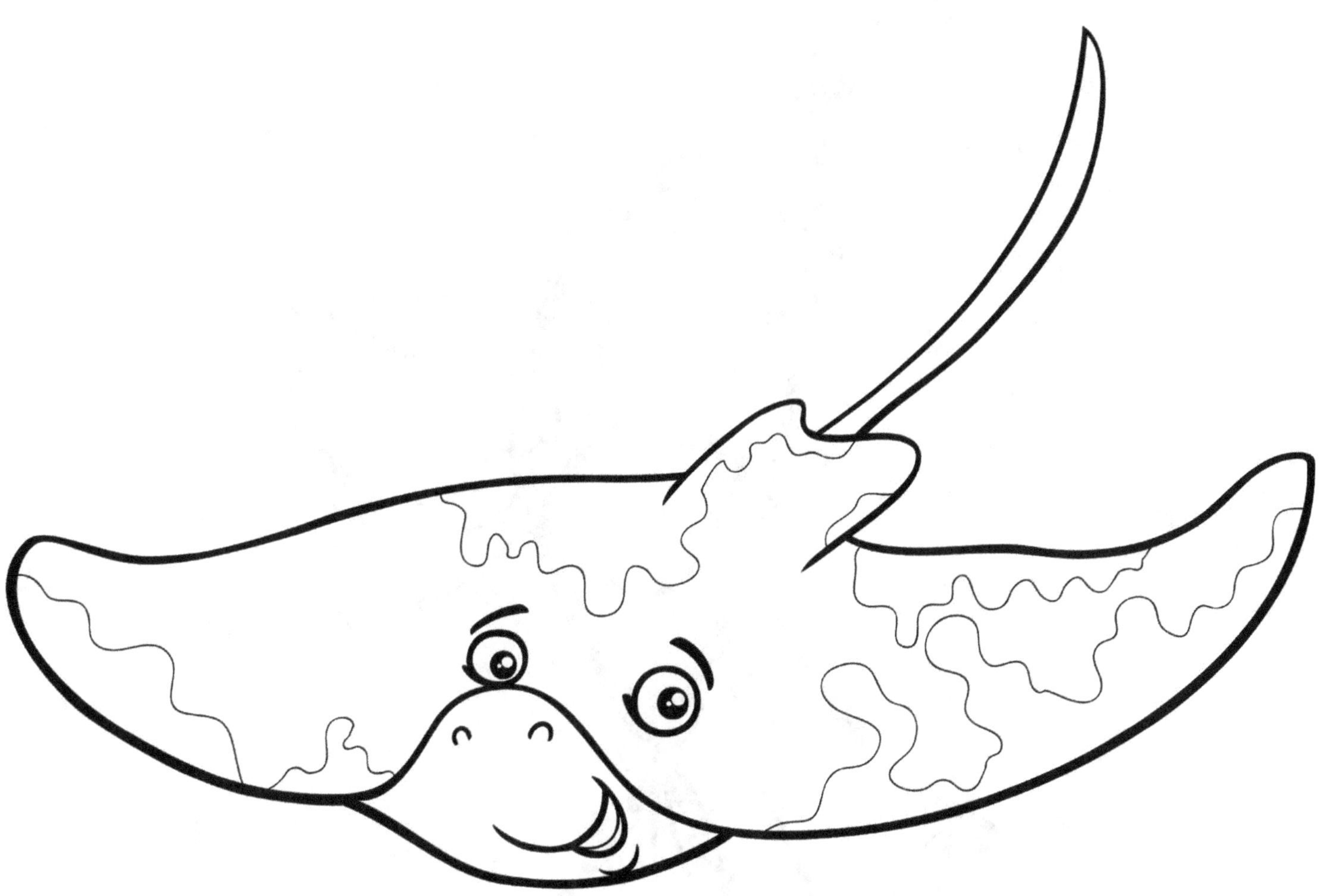

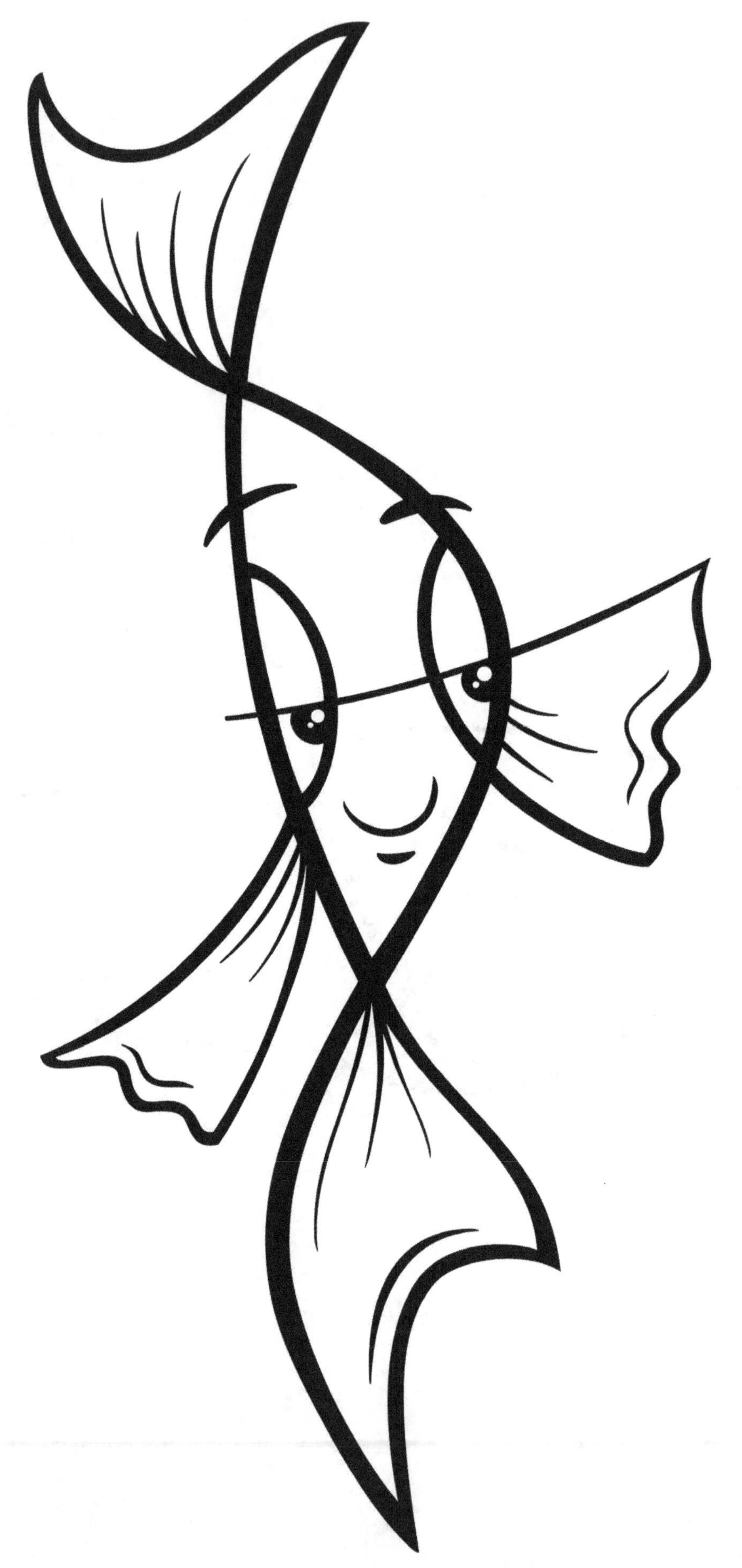

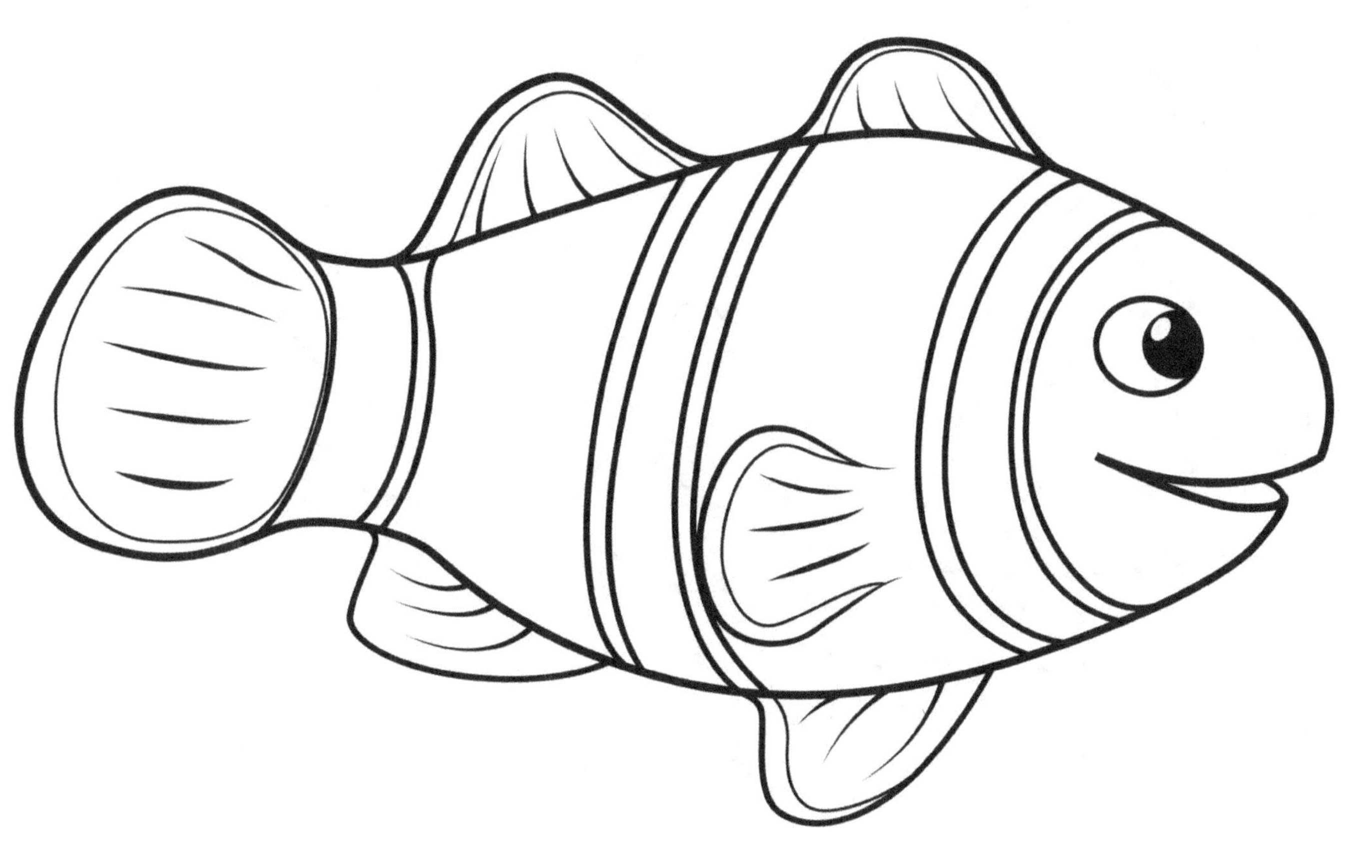

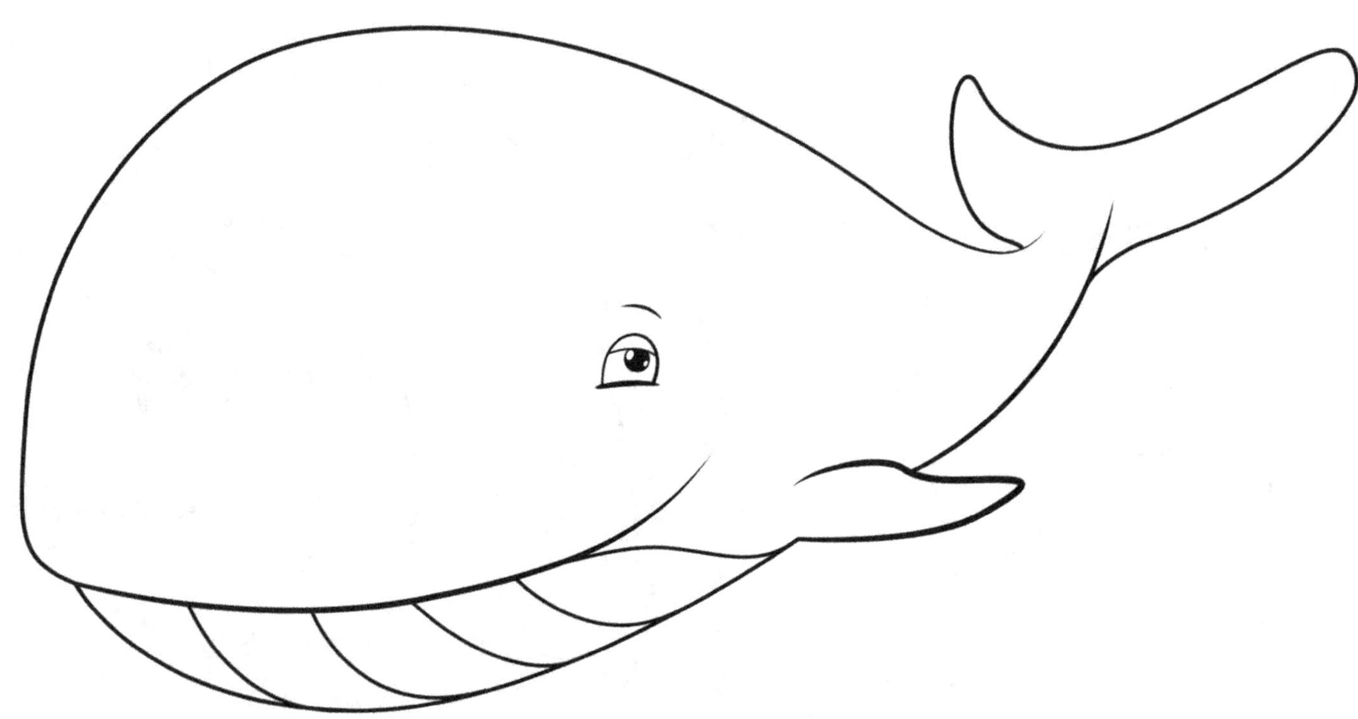

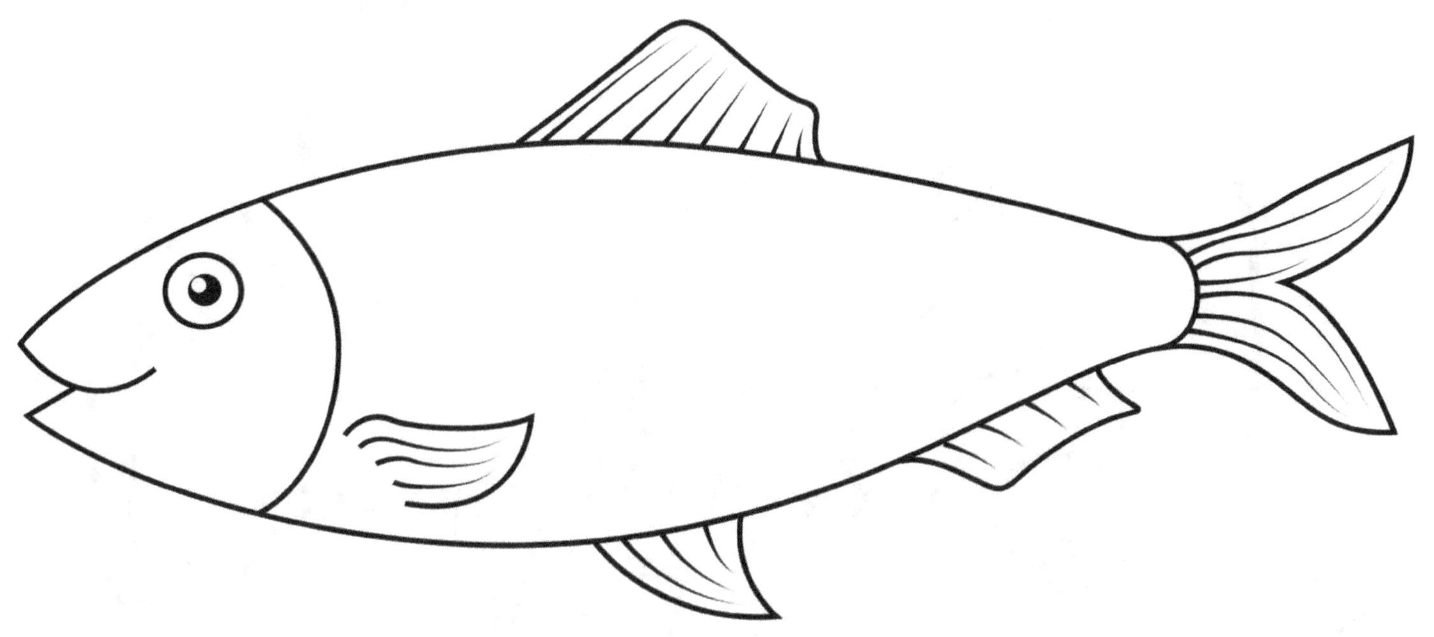

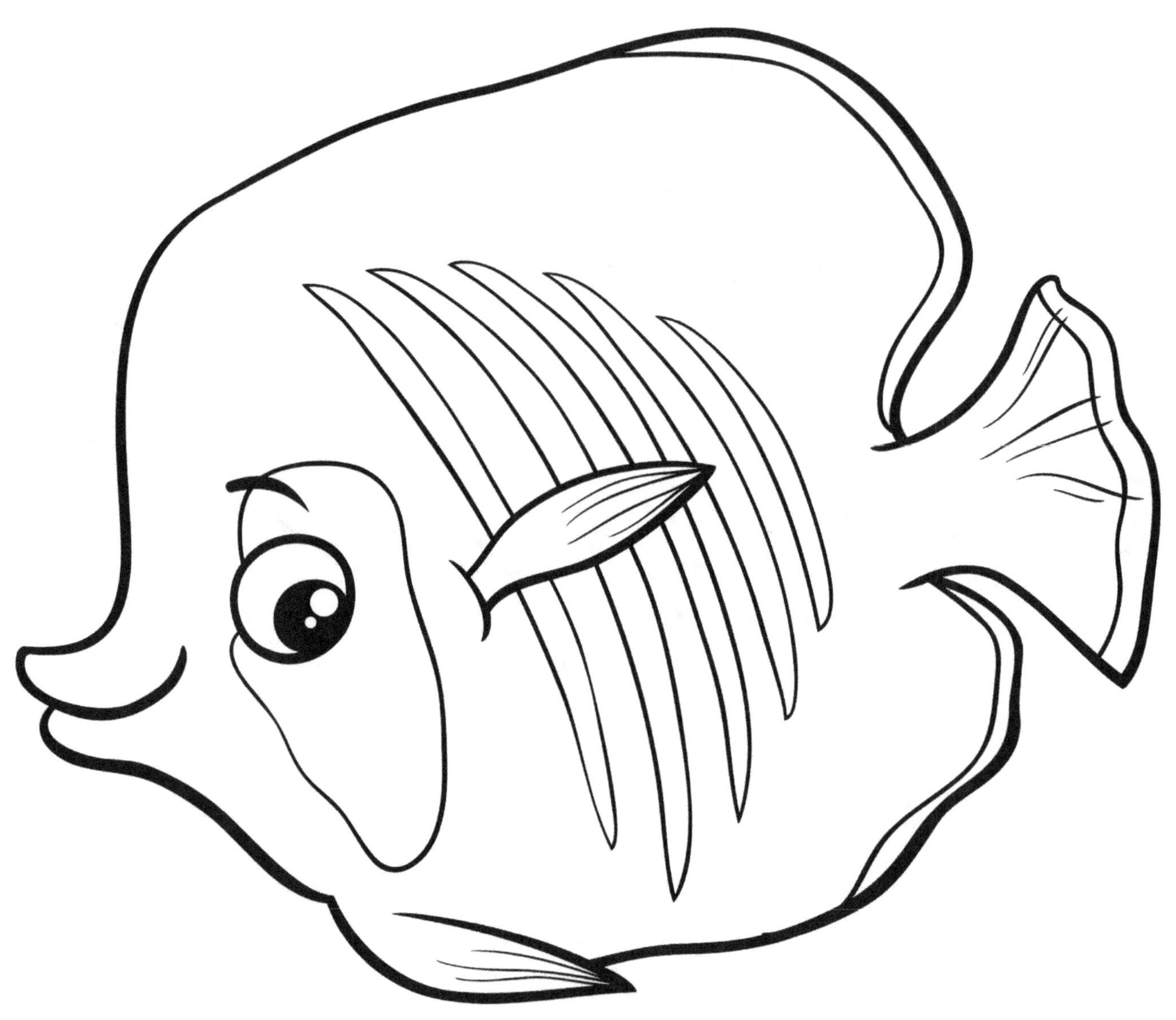

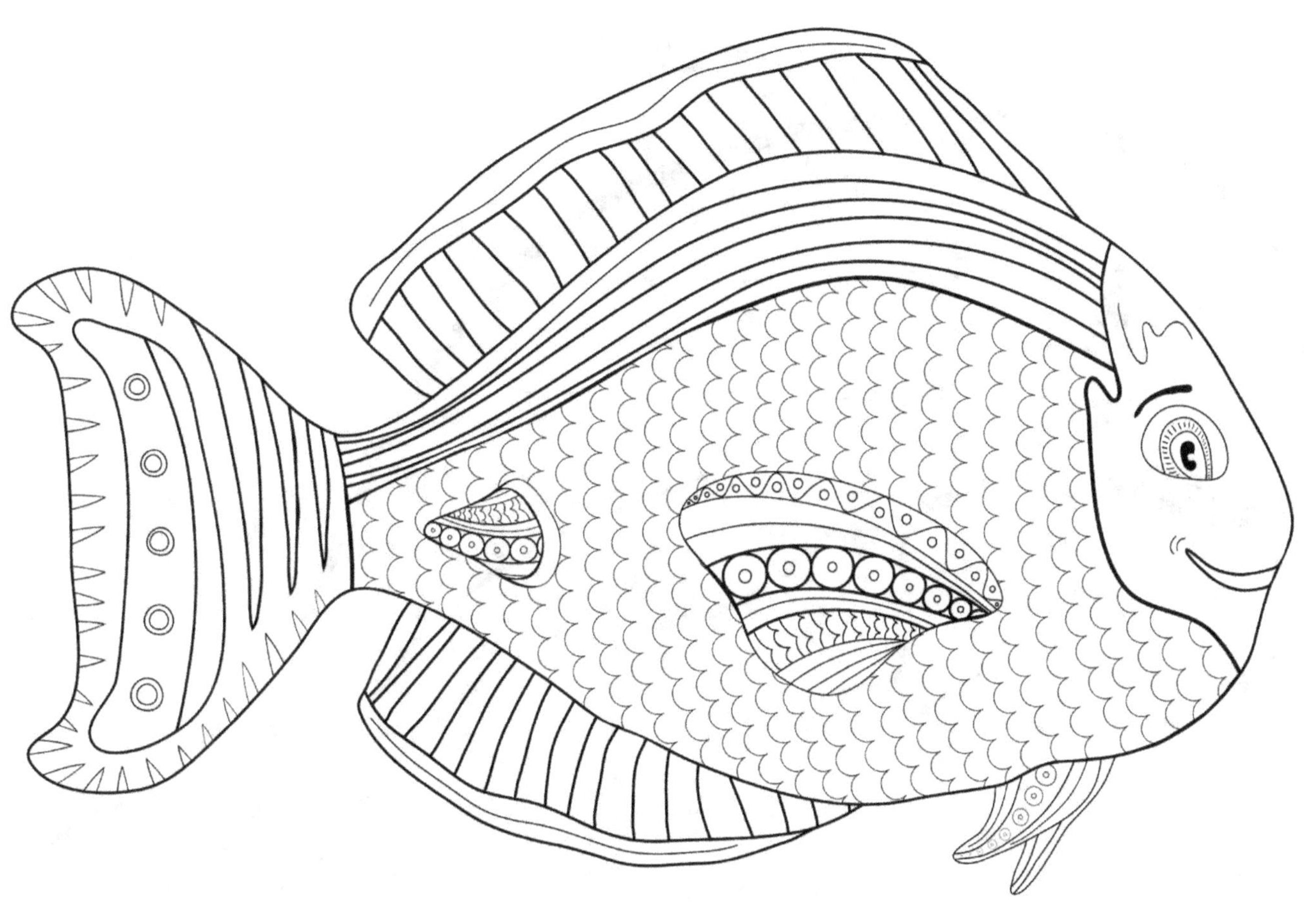

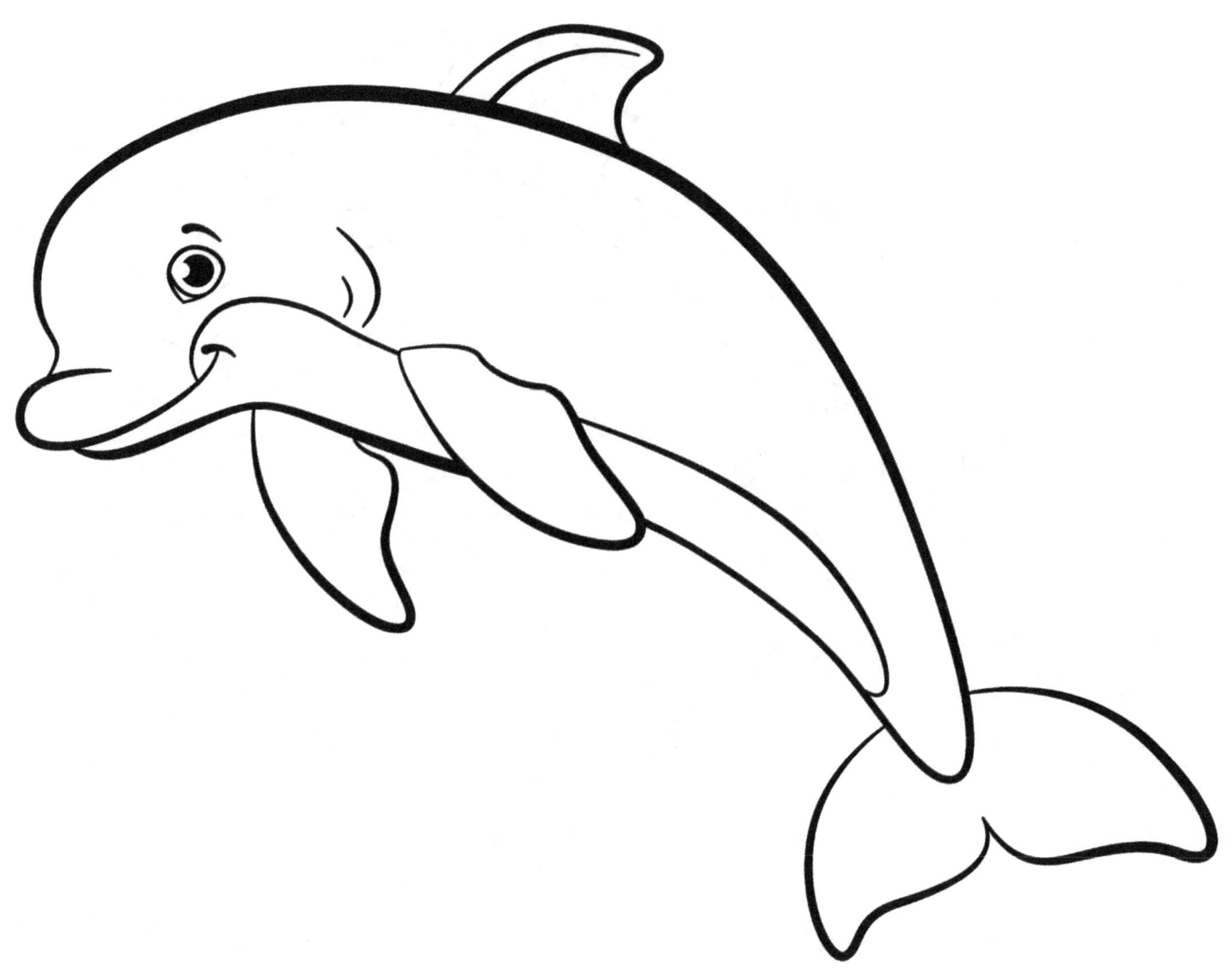

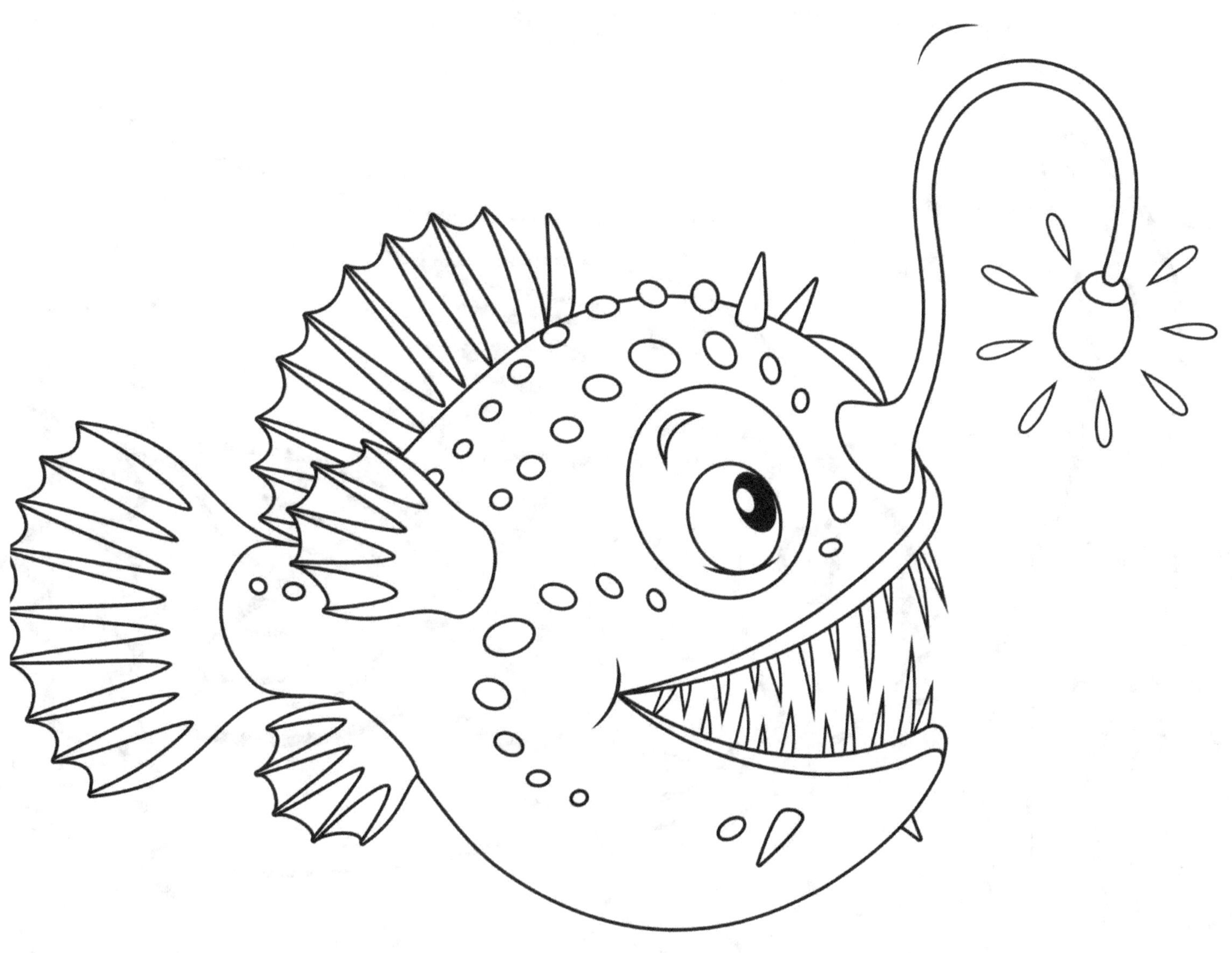

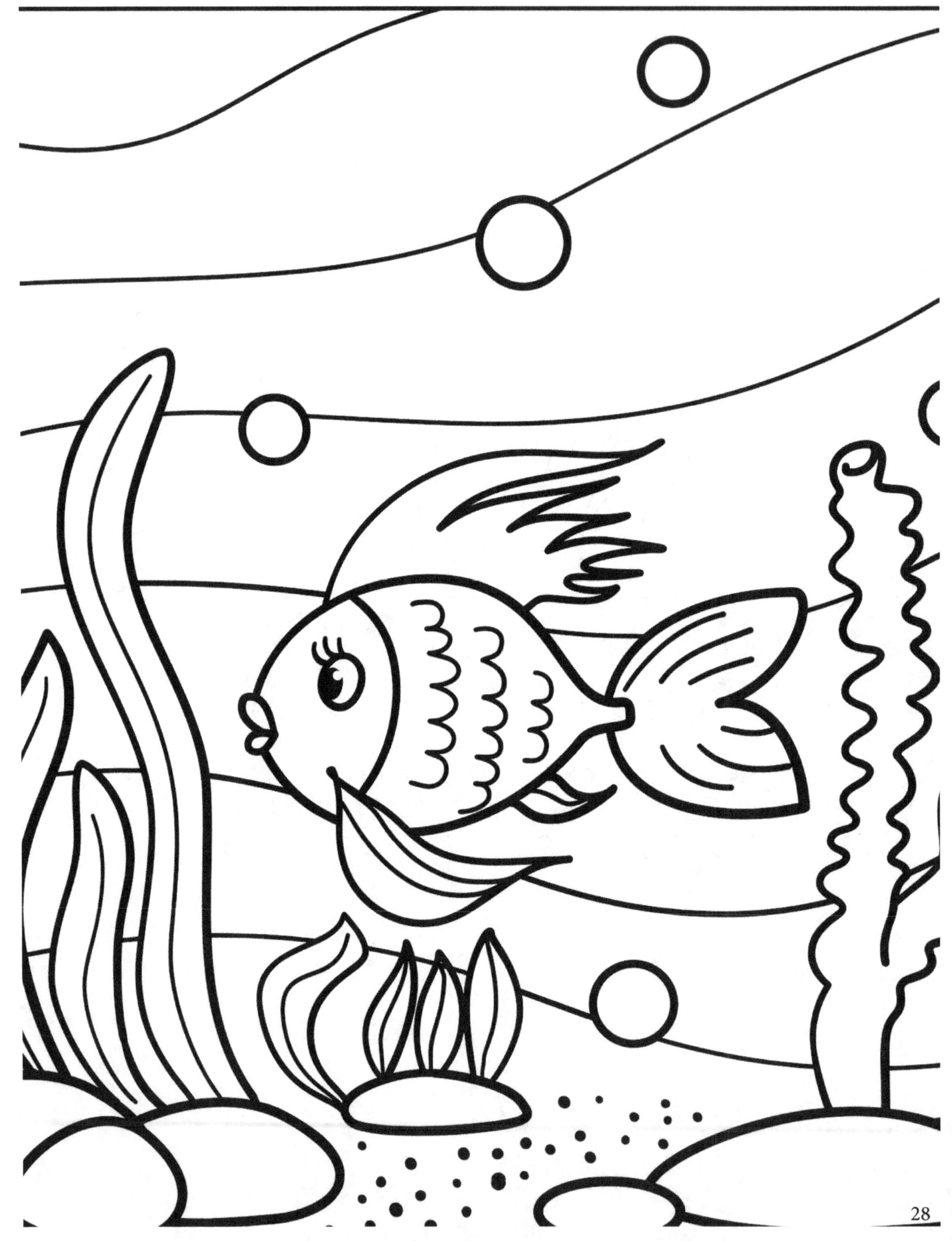

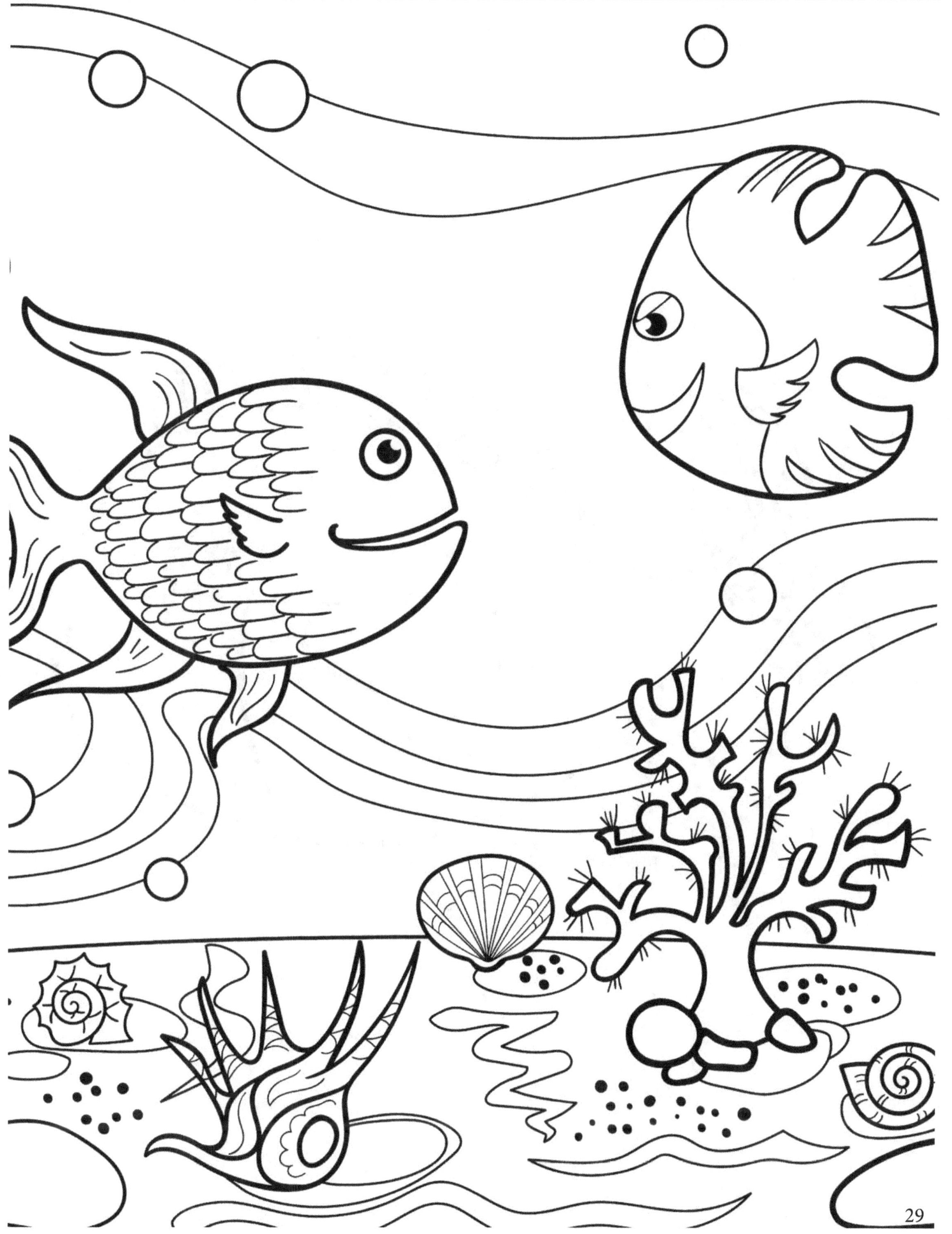

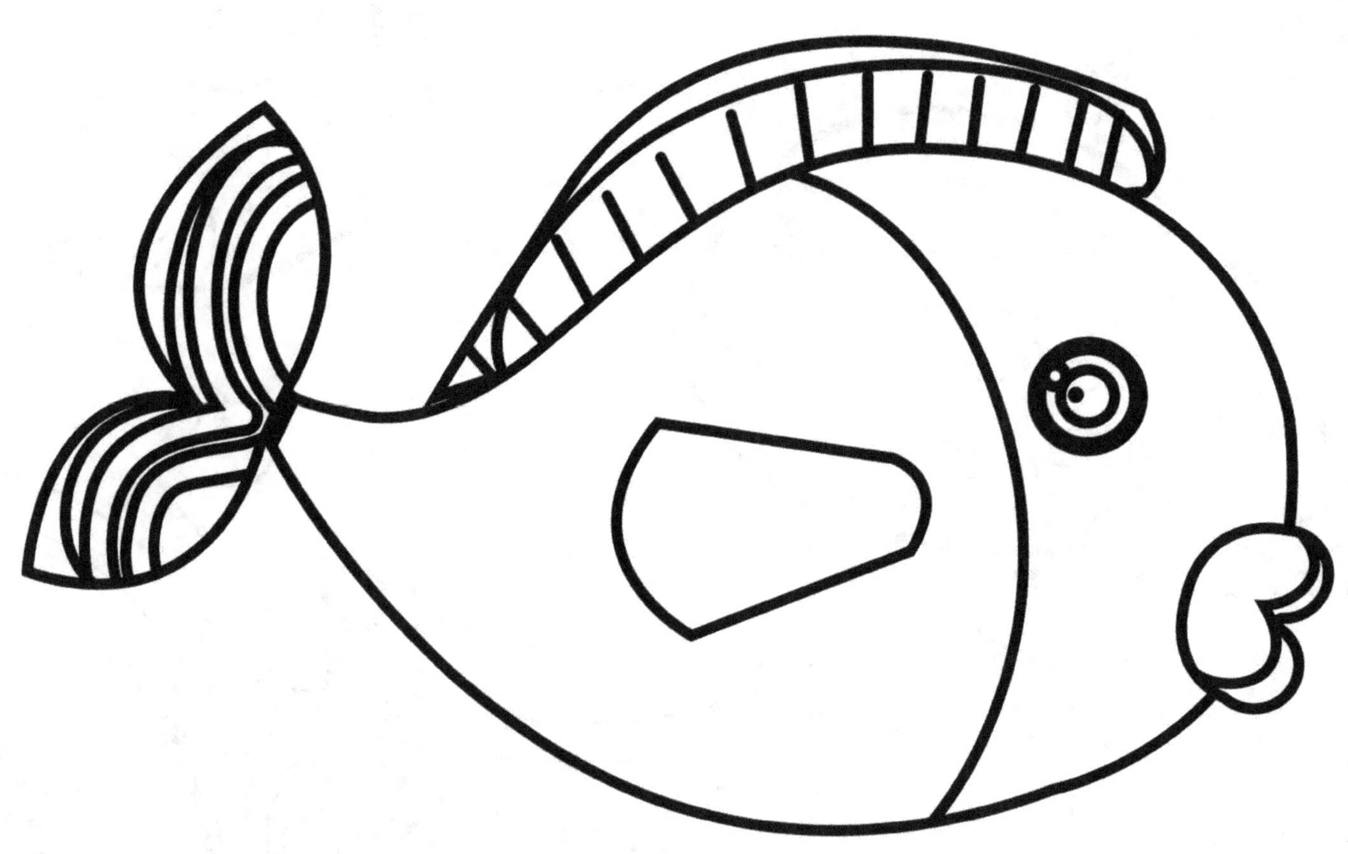

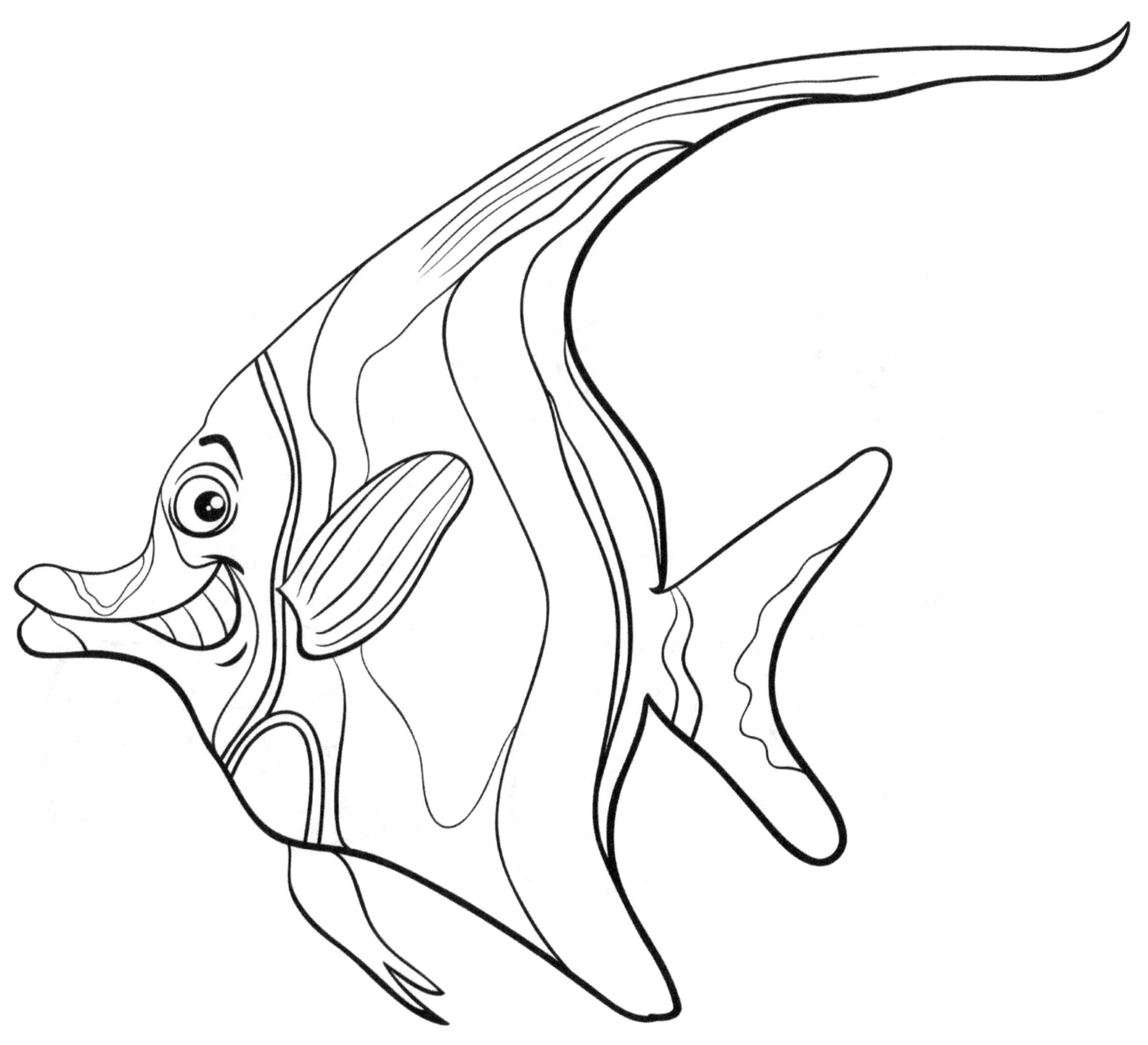

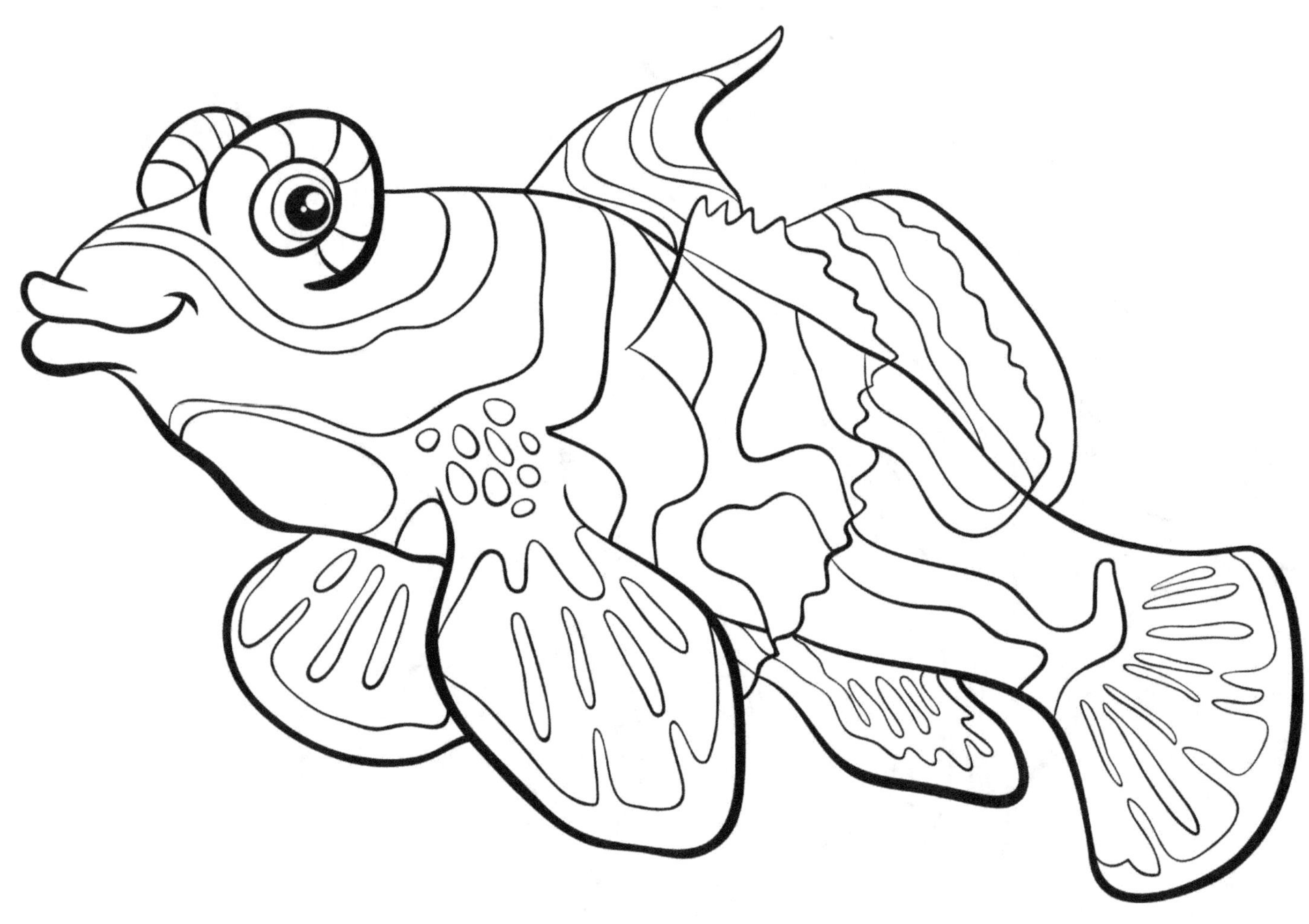